2011年
全国暂住人口统计资料汇编

公安部治安管理局　编

群 众 出 版 社
·北　京·

图书在版编目（CIP）数据

2011年全国暂住人口统计资料汇编/公安部治安管理局编．—北京：群众出版社，2011.11

ISBN 978-7-5014-4916-3

Ⅰ.①2… Ⅱ.①公… Ⅲ.①暂住人口—人口统计—统计资料—汇编—中国—2011 Ⅳ.①C924.25

中国版本图书馆CIP数据核字（2011）第191289号

2011年全国暂住人口统计资料汇编

公安部治安管理局 编

出版发行：群众出版社
地　　址：北京市西城区木樨地南里
邮政编码：100038
经　　销：新华书店
印　　刷：北京蓝空印刷厂

版　　次：2011年11月第1版
印　　次：2011年11月第1次
印　　张：7.5
开　　本：787毫米×1092毫米　1/16
字　　数：174千字
印　　数：1～1000册

书　　号：ISBN 978-7-5014-4916-3
定　　价：30.00元

网　　址：www.qzcbs.com
电子邮箱：qzcbs@163.com

营销中心电话：010-83903254
读者服务部电话（门市）：010-83903257
警官读者俱乐部电话（网购、邮购）：010-83903253
公安综合分社电话：010-83901870

主　编　刘绍武
副主编　黄双全
编　辑　陈　浩　缪灵芝

编辑说明

一、《2011年全国暂住人口统计资料汇编》比较全面地反映了全国（不含香港、澳门特别行政区和台湾省）登记的暂住人口的基本状况，主要包括：暂住人口分布、就业、居住处所、来自地区等情况，是各级政府和有关部门制定暂住人口管理有关政策的重要依据，也为社会各界人士分析、研究暂住人口有关情况提供了丰富的资料。

二、本书由公安部治安管理局根据各省、自治区、直辖市公安治安、户政部门逐级上报的数据汇编而成，统计时点为2011年6月30日24时。

三、本汇编分为两部分：

1. 全国暂住人口情况；

2. 各省、自治区、直辖市暂住人口情况。

四、本汇编在数据收集、整理、汇总过程中得到全国各级公安治安、户政部门的大力支持，谨此致谢。

编　者

2011年9月

目　　录

全国暂住人口情况

全国暂住人口总数 …………………………………………………………… (2)
市暂住人口总数 ……………………………………………………………… (4)
县暂住人口总数 ……………………………………………………………… (6)
暂住人口来自地区、居住处所分省情况 ……………………………………… (8)
暂住人口务工经商、探亲访友等分省情况 …………………………………… (10)
暂住旅店人员情况 …………………………………………………………… (12)
暂住居民家中人员情况 ……………………………………………………… (14)
暂住单位内部人员情况 ……………………………………………………… (16)
暂住工地现场人员情况 ……………………………………………………… (18)
暂住租赁房屋人员情况 ……………………………………………………… (20)
务工人员总数 ………………………………………………………………… (22)
务农人员总数 ………………………………………………………………… (24)
经商人员总数 ………………………………………………………………… (26)
服务人员总数 ………………………………………………………………… (28)
因公出差人员总数 …………………………………………………………… (30)
借读培训人员总数 …………………………………………………………… (32)
治病疗养人员总数 …………………………………………………………… (34)
保姆人员总数 ………………………………………………………………… (36)
投靠亲友人员总数 …………………………………………………………… (38)
探亲访友人员总数 …………………………………………………………… (40)
旅游观光人员总数 …………………………………………………………… (42)

各省、自治区、直辖市暂住人口情况

北京 …………………………………………………………………………… (46)
天津 …………………………………………………………………………… (48)
河北 …………………………………………………………………………… (50)

山西 …………………………………………………………………… (52)
内蒙古 ………………………………………………………………… (54)
辽宁 …………………………………………………………………… (56)
吉林 …………………………………………………………………… (58)
黑龙江 ………………………………………………………………… (60)
上海 …………………………………………………………………… (62)
江苏 …………………………………………………………………… (64)
浙江 …………………………………………………………………… (66)
安徽 …………………………………………………………………… (68)
福建 …………………………………………………………………… (70)
江西 …………………………………………………………………… (72)
山东 …………………………………………………………………… (74)
河南 …………………………………………………………………… (76)
湖北 …………………………………………………………………… (78)
湖南 …………………………………………………………………… (80)
广东 …………………………………………………………………… (82)
广西 …………………………………………………………………… (84)
海南 …………………………………………………………………… (86)
重庆 …………………………………………………………………… (88)
四川 …………………………………………………………………… (90)
贵州 …………………………………………………………………… (92)
云南 …………………………………………………………………… (94)
西藏 …………………………………………………………………… (96)
陕西 …………………………………………………………………… (98)
甘肃 …………………………………………………………………… (100)
青海 …………………………………………………………………… (102)
宁夏 …………………………………………………………………… (104)
新疆 …………………………………………………………………… (106)

主要指标解释 …………………………………………………… (109)

全国暂住人口情况

全　国　暂　住

		合计	性别		暂住时间			来……	
								省内	
			男	女	一个月以下	一个月至一年	一年以上	市	县
甲		1	2	3	4	5	6	7	8
合　计	1	**155 440 357**	**90 924 106**	**64 516 251**	**17 748 920**	**85 491 264**	**52 200 173**	**17 780 333**	**38 554 946**
务　工	2	100 605 188	60 379 729	40 225 459	7 554 888	59 411 634	33 638 666	9 829 027	23 440 521
务　农	3	3 040 213	1 766 538	1 273 675	272 204	1 657 632	1 110 377	361 507	1 132 662
经　商	4	12 178 618	7 481 542	4 697 076	1 392 440	5 688 442	5 097 736	1 801 900	3 468 315
服　务	5	8 068 116	3 881 423	4 186 693	781 600	4 224 962	3 061 554	1 025 624	2 258 142
因公出差	6	1 374 622	973 353	401 269	1 002 512	262 368	109 742	300 168	384 113
借读培训	7	6 693 677	3 643 101	3 050 576	400 733	3 161 053	3 131 891	1 482 158	2 891 558
治病疗养	8	257 719	143 430	114 289	112 425	99 178	46 116	55 717	106 021
保　姆	9	459 184	82 059	377 125	40 649	208 819	209 716	60 981	149 637
投靠亲友	10	3 076 354	1 367 798	1 708 556	369 333	1 645 844	1 061 177	395 574	843 036
探亲访友	11	1 075 307	557 812	517 495	386 811	468 744	219 752	184 295	291 575
旅游观光	12	3 429 400	2 128 075	1 301 325	3 176 437	182 783	70 180	685 323	589 378
其　他	13	15 181 959	8 519 246	6 662 713	2 258 888	8 479 805	4 443 266	1 598 059	2 999 988

人 口 总 数

自地区				居住处所					
省外		港澳台	国外	旅店	居民家中	单位内部	工地现场	租赁房屋	其他
市	县								
9	10	11	12	13	14	15	16	17	18
34 762 255	**63 531 126**	**305 194**	**506 503**	**8 486 504**	**14 920 313**	**35 217 471**	**12 081 246**	**74 509 011**	**10 225 812**
20 509 717	46 655 290	79 231	91 402	1 600 311	7 287 394	26 187 259	10 598 223	51 245 819	3 686 182
505 986	1 038 645	872	541	21 648	773 735	283 526	267 911	1 324 408	368 985
2 566 527	4 137 781	59 673	144 422	1 137 108	1 546 927	1 214 547	339 649	7 111 444	828 943
1 622 151	3 148 746	4 782	8 671	298 341	733 062	1 813 878	317 484	4 459 856	445 495
318 010	343 803	10 021	18 507	1 019 365	46 563	132 803	20 874	110 701	44 316
880 475	1 385 793	16 963	36 730	101 766	514 764	3 811 995	59 761	1 281 150	924 241
42 361	50 165	379	3 076	60 188	43 780	65 079	5 920	46 761	35 991
102 083	146 014	116	353	15 002	252 135	31 138	6 157	130 983	23 769
822 394	988 672	8 632	18 046	52 009	1 510 496	123 087	35 996	1 153 798	200 968
251 980	286 183	19 776	41 498	195 028	471 097	50 612	15 060	279 273	64 237
1 187 100	800 592	60 571	106 436	2 933 606	86 392	27 370	7 388	66 298	308 346
5 953 471	4 549 442	44 178	36 821	1 052 132	1 653 968	1 476 177	406 823	7 298 520	3 294 339

市暂住

		合计	性别		暂住时间			来	
								省内	
			男	女	一个月以下	一个月至一年	一年以上	市	县
甲		1	2	3	4	5	6	7	8
合计	1	**136 597 613**	**78 979 358**	**57 618 255**	**15 509 955**	**74 919 532**	**46 168 126**	**15 612 535**	**31 904 341**
务工	2	88 936 823	52 492 902	36 443 921	6 598 480	52 252 483	30 085 860	8 669 105	19 996 437
务农	3	2 188 494	1 259 251	929 243	183 144	1 152 871	852 479	265 739	698 422
经商	4	10 357 511	6 344 010	4 013 501	1 172 378	4 869 619	4 315 514	1 509 671	2 727 885
服务	5	7 222 679	3 487 219	3 735 460	715 325	3 735 333	2 772 021	916 587	1 921 297
因公出差	6	1 195 821	834 118	361 703	863 313	234 670	97 838	269 622	284 621
借读培训	7	5 802 776	3 149 384	2 653 392	326 145	2 723 475	2 753 156	1 360 054	2 275 226
治病疗养	8	219 978	122 580	97 398	97 393	82 919	39 666	50 603	79 683
保姆	9	411 345	75 567	335 778	37 383	185 805	188 157	54 006	120 466
投靠亲友	10	2 523 405	1 132 402	1 391 003	310 242	1 346 748	866 415	339 318	617 199
探亲访友	11	899 716	466 442	433 274	321 963	388 732	189 021	149 445	205 944
旅游观光	12	3 050 587	1 893 135	1 157 452	2 819 791	167 861	62 935	625 268	511 967
其他	13	13 788 478	7 722 348	6 066 130	2 064 398	7 779 016	3 945 064	1 403 117	2 465 194

人口总数

自地区				居住处所					
省外		港澳台	国外	旅店	居民家中	单位内部	工地现场	租赁房屋	其他
市	县								
9	10	11	12	13	14	15	16	17	18
32 339 432	**56 011 351**	**280 997**	**448 957**	**7 804 061**	**12 506 464**	**30 650 491**	**9 319 233**	**67 432 501**	**8 884 863**
18 914 000	41 191 354	77 516	88 411	1 519 507	6 363 164	22 794 499	8 118 261	46 923 225	3 218 167
438 539	784 586	739	469	15 572	456 809	213 592	188 214	1 052 754	261 553
2 350 688	3 571 941	57 524	139 802	1 081 145	1 267 581	1 049 832	263 558	6 015 320	680 075
1 518 309	2 853 299	4 619	8 568	269 011	614 936	1 624 564	276 739	4 044 729	392 700
302 257	311 162	9 937	18 222	881 631	39 347	113 109	18 423	103 689	39 622
838 129	1 275 984	16 827	36 556	88 836	411 118	3 340 608	49 630	1 098 202	814 382
39 504	46 738	376	3 074	57 149	37 116	47 797	3 419	43 056	31 441
98 764	137 641	116	352	14 321	217 783	28 009	5 280	123 589	22 363
783 210	761 328	8 062	14 288	43 316	1 240 201	97 916	30 155	935 666	176 151
231 932	256 887	18 700	36 808	178 270	357 980	36 491	12 707	262 916	51 352
1 065 213	734 967	43 094	70 078	2 684 467	73 911	22 008	6 782	62 846	200 573
5 758 887	4 085 464	43 487	32 329	970 836	1 426 518	1 282 066	346 065	6 766 509	2 996 484

县 暂 住

		合计	性别		暂住时间			来	
								省内	
			男	女	一个月以下	一个月至一年	一年以上	市	县
甲		1	2	3	4	5	6	7	8
合　计	1	**18 842 744**	**11 944 748**	**6 897 996**	**2 238 965**	**10 571 732**	**6 032 047**	**2 167 798**	**6 650 605**
务　工	2	11 668 365	7 886 827	3 781 538	956 408	7 159 151	3 552 806	1 159 922	3 444 084
务　农	3	851 719	507 287	344 432	89 060	504 761	257 898	95 768	434 240
经　商	4	1 821 107	1 137 532	683 575	220 062	818 823	782 222	292 229	740 430
服　务	5	845 437	394 204	451 233	66 275	489 629	289 533	109 037	336 845
因公出差	6	178 801	139 235	39 566	139 199	27 698	11 904	30 546	99 492
借读培训	7	890 901	493 717	397 184	74 588	437 578	378 735	122 104	616 332
治病疗养	8	37 741	20 850	16 891	15 032	16 259	6 450	5 114	26 338
保　姆	9	47 839	6 492	41 347	3 266	23 014	21 559	6 975	29 171
投靠亲友	10	552 949	235 396	317 553	59 091	299 096	194 762	56 256	225 837
探亲访友	11	175 591	91 370	84 221	64 848	80 012	30 731	34 850	85 631
旅游观光	12	378 813	234 940	143 873	356 646	14 922	7 245	60 055	77 411
其　他	13	1 393 481	796 898	596 583	194 490	700 789	498 202	194 942	534 794

人口总数

自地区				居住处所					
省外		港澳台	国外	旅店	居民家中	单位内部	工地现场	租赁房屋	其他
市	县								
9	10	11	12	13	14	15	16	17	18
2 422 823	**7 519 775**	**24 197**	**57 546**	**682 443**	**2 413 849**	**4 566 980**	**2 762 013**	**7 076 510**	**1 340 949**
1 595 717	5 463 936	1 715	2 991	80 804	924 230	3 392 760	2 479 962	4 322 594	468 015
67 447	254 059	133	72	6 076	316 926	69 934	79 697	271 654	107 432
215 839	565 840	2 149	4 620	55 963	279 346	164 715	76 091	1 096 124	148 868
103 842	295 447	163	103	29 330	118 126	189 314	40 745	415 127	52 795
15 753	32 641	84	285	137 734	7 216	19 694	2 451	7 012	4 694
42 346	109 809	136	174	12 930	103 646	471 387	10 131	182 948	109 859
2 857	3 427	3	2	3 039	6 664	17 282	2 501	3 705	4 550
3 319	8 373		1	681	34 352	3 129	877	7 394	1 406
39 184	227 344	570	3 758	8 693	270 295	25 171	5 841	218 132	24 817
20 048	29 296	1 076	4 690	16 758	113 117	14 121	2 353	16 357	12 885
121 887	65 625	17 477	36 358	249 139	12 481	5 362	606	3 452	107 773
194 584	463 978	691	4 492	81 296	227 450	194 111	60 758	532 011	297 855

暂住人口来自地区、

	合计	性别		暂住时间			来	
		男	女	一个月以下	一个月至一年	一年以上	省内	
							市	县
全国	**155 440 357**	**90 924 106**	**64 516 251**	**17 748 920**	**85 491 264**	**52 200 173**	**17 780 333**	**38 554 946**
北京市	8 779 374	4 997 533	3 781 841	582 865	4 658 695	3 537 814		
天津市	3 159 350	1 995 982	1 163 368	25 806	2 663 691	469 853		
河北省	1 652 206	1 079 644	572 562	28 505	935 214	688 487	227 554	560 879
山西省	1 326 034	895 525	430 509	136 153	649 970	539 911	235 250	486 249
内蒙古自治区	2 311 651	1 554 119	757 532	232 549	1 113 940	965 162	309 956	961 529
辽宁省	2 428 762	1 501 004	927 758	211 077	1 196 921	1 020 764	445 498	826 278
吉林省	821 101	473 609	347 492	64 780	325 655	430 666	200 819	357 234
黑龙江省	1 008 268	610 194	398 074	109 234	383 163	515 871	202 995	513 125
上海市	9 323 793	5 106 236	4 217 557	1 334 874	6 519 353	1 469 566	294	19
江苏省	17 239 495	10 159 815	7 079 680	1 810 488	10 413 146	5 015 861	1 669 210	4 656 458
浙江省	22 150 827	12 604 290	9 546 537	310 233	16 224 990	5 615 604	1 342 468	1 981 871
安徽省	1 824 016	1 113 642	710 374	125 762	867 849	830 405	391 294	860 082
福建省	7 283 927	4 373 141	2 910 786	1 257 802	3 885 885	2 140 240	426 819	1 268 448
江西省	734 985	459 952	275 033	33 051	327 389	374 545	157 925	310 489
山东省	6 541 198	3 915 226	2 625 972	219 605	4 442 928	1 878 665	1 234 452	2 977 806
河南省	4 064 787	2 442 279	1 622 508	171 489	1 526 518	2 366 780	1 378 908	2 030 842
湖北省	3 127 416	1 770 968	1 356 448	138 186	1 123 118	1 866 112	447 174	1 604 889
湖南省	3 185 095	1 864 569	1 320 526	253 322	2 513 501	418 272	919 261	1 532 459
广东省	28 714 261	15 342 021	13 372 240	2 456 286	12 934 081	13 323 894	3 204 950	5 052 483
广西壮族自治区	2 428 568	1 564 052	864 516	690 079	939 446	799 043	467 936	1 040 649
海南省	536 413	330 426	205 987	59 717	220 501	256 195	90 082	120 444
重庆市	5 150 964	2 970 809	2 180 155	138 649	3 314 443	1 697 872	769 767	3 118 667
四川省	4 252 848	2 597 964	1 654 884	1 280 613	1 699 713	1 272 522	1 027 549	2 119 896
贵州省	1 812 556	1 123 206	689 350	199 236	673 628	939 692	340 211	778 805
云南省	2 877 135	1 841 616	1 035 519	885 404	969 349	1 022 382	366 100	1 281 684
西藏自治区	479 062	305 027	174 035	102 685	95 128	281 249	76 065	54 047
陕西省	2 385 254	1 477 292	907 962	211 668	1 309 395	864 191	362 900	1 027 525
甘肃省	1 736 324	1 122 190	614 134	376 475	816 355	543 494	274 723	913 509
青海省	643 957	423 418	220 539	124 276	290 374	229 307	37 052	243 070
宁夏回族自治区	259 235	180 132	79 103	19 298	135 475	104 462	47 702	72 770
新疆维吾尔自治区	7 201 495	4 728 225	2 473 270	4 158 753	2 321 450	721 292	1 125 419	1 802 740

居住处所分省情况

自地区				居住处所					
省外		港澳台	国外	旅店	居民家中	单位内部	工地现场	租赁房屋	其他
市	县								
34 762 255	**63 531 126**	**305 194**	**506 503**	**8 486 504**	**14 920 313**	**35 217 471**	**12 081 246**	**74 509 011**	**10 225 812**
3 046 384	5 640 051	15 806	77 133	244 736	1 194 020	1 742 620	1 055 472	4 220 898	321 628
1 096 644	2 061 912	701	93	28 326	671 536	960 229	488 808	731 213	279 238
224 467	638 579	69	658	4 184	237 913	398 722	306 778	593 178	111 431
192 119	411 792	229	395	48 011	112 569	279 301	277 967	424 832	183 354
328 788	709 954	18	1 406	58 080	181 862	265 331	601 316	993 842	211 220
364 365	772 699	1 272	18 650	71 963	253 194	421 675	427 511	1 047 633	206 786
106 096	153 339	133	3 480	22 989	222 435	66 099	109 378	319 936	80 264
96 237	192 863	426	2 622	56 134	180 208	115 760	160 758	373 223	122 185
7 983 067	1 340 413				862 437	572 829	126 978	5 942 484	1 819 065
2 121 066	8 726 741	29 795	36 225	578 740	1 388 368	4 722 513	1 364 480	8 141 622	1 043 772
5 138 831	13 618 185	14 375	55 097	123 278	759 411	5 264 030	716 013	14 811 390	476 705
203 947	366 567	706	1 420	27 321	289 787	338 927	254 054	805 169	108 758
780 797	4 766 234	21 514	20 115	81 968	917 758	1 698 987	407 980	4 079 563	97 671
99 544	165 825	538	664	10 544	56 804	229 939	133 404	279 753	24 541
731 739	1 569 686	1 847	25 668	88 311	654 664	2 732 045	669 479	2 103 095	293 604
261 231	393 317	139	350	176 026	1 008 233	1 513 254	299 465	763 433	304 376
254 237	794 257	8 708	18 151	80 729	343 155	903 862	209 014	1 150 750	439 906
289 978	439 279	1 874	2 244	225 580	359 272	540 645	258 971	1 337 418	463 209
7 134 564	13 086 442	157 813	78 009	398 002	1 171 995	7 820 306	951 594	17 091 337	1 281 027
364 026	554 033	611	1 313	596 510	389 172	266 665	218 869	744 635	212 717
135 398	185 343	2 915	2 231	10 758	60 418	95 555	99 350	230 614	39 718
233 600	1 026 253	2 244	433	15 331	1 289 823	1 599 953	465 415	1 407 179	373 263
499 396	595 511	3 502	6 994	295 974	738 919	846 158	562 748	1 530 177	278 872
270 179	422 171	665	525	78 494	169 680	174 405	330 442	896 978	162 557
324 815	892 393	352	11 791	47 472	388 968	470 267	315 612	1 405 568	249 248
203 913	139 032	4 794	1 211	64 887	12 249	10 592	56 053	86 444	248 837
309 613	684 475	113	628	71 080	333 113	410 034	332 234	1 095 226	143 567
165 583	335 484	13 944	33 081	290 526	186 696	277 485	314 058	520 394	147 165
91 264	272 341	107	123	72 021	61 625	66 796	152 468	211 957	79 090
39 245	99 477	3	38	1 659	34 826	35 718	69 085	108 445	9 502
1 671 122	2 476 478	19 981	105 755	4 616 870	389 203	376 769	345 492	1 060 625	412 536

暂住人口务工经商、

	合计	务工	务农	经商	服务
	1	2	3	4	5
全国	**155 440 357**	**100 605 188**	**3 040 213**	**12 178 618**	**8 068 116**
北京市	8 779 374	5 488 671	218 115	1 375 371	741 033
天津市	3 159 350	2 651 046	27 279	88 455	15 728
河北省	1 652 206	1 135 944	13 956	164 198	124 824
山西省	1 326 034	810 992	13 933	117 951	132 873
内蒙古自治区	2 311 651	1 494 538	46 987	262 597	180 282
辽宁省	2 428 762	1 308 280	84 093	239 769	224 136
吉林省	821 101	344 074	70 305	147 208	73 625
黑龙江省	1 008 268	551 147	89 159	111 969	75 795
上海市	9 323 793	3 393 171	90 475	253 165	25 852
江苏省	17 239 495	10 558 420	309 340	1 450 839	1 456 727
浙江省	22 150 827	18 561 245	155 690	605 674	551 451
安徽省	1 824 016	989 843	51 311	276 556	124 570
福建省	7 283 927	6 097 000	77 161	159 920	144 325
江西省	734 985	449 943	14 684	102 700	47 226
山东省	6 541 198	4 503 405	105 452	562 785	284 980
河南省	4 064 787	2 599 244	27 683	311 068	62 448
湖北省	3 127 416	1 726 358	74 161	272 774	97 817
湖南省	3 185 095	2 104 425	33 237	386 600	119 732
广东省	28 714 261	21 262 548	407 942	1 910 073	1 997 966
广西壮族自治区	2 428 568	1 085 685	40 066	162 432	75 608
海南省	536 413	302 151	16 908	51 598	58 537
重庆市	5 150 964	2 986 562	309 029	280 434	259 877
四川省	4 252 848	2 386 731	77 258	450 171	192 743
贵州省	1 812 556	1 009 680	59 074	312 522	109 016
云南省	2 877 135	1 847 535	73 259	458 031	200 579
西藏自治区	479 062	126 060	17 862	70 384	23 018
陕西省	2 385 254	1 489 470	26 951	290 781	193 971
甘肃省	1 736 324	683 757	63 742	246 265	140 659
青海省	643 957	333 940	27 854	108 107	29 143
宁夏回族自治区	259 235	173 048	16 043	31 553	28 984
新疆维吾尔自治区	7 201 495	2 150 275	401 204	916 668	274 591

探亲访友等分省情况

因公出差	借读培训	治病疗养	保　　姆	投靠亲友	探亲访友	旅游观光	其　　他
6	7	8	9	10	11	12	13
1 374 622	**6 693 677**	**257 719**	**459 184**	**3 076 354**	**1 075 307**	**3 429 400**	**15 181 959**
61 038	232 351	16 863	44 342	92 195	75 650	108 794	324 951
614	55 341	321	285	73 380	14 524	156	232 221
1 127	55 944	1 006	1 081	32 264	5 632	563	115 667
15 897	20 269	2 597	2 392	28 966	9 946	13 217	157 001
4 813	61 328	2 183	5 317	42 508	7 367	9 438	194 293
10 216	153 412	2 923	6 793	58 477	26 583	27 841	286 239
6 213	32 710	2 302	6 233	36 093	11 258	8 532	82 548
8 172	29 570	3 399	7 250	33 153	11 723	12 334	74 597
1 097	118 231	2 583	9 961	463 574	67 577	4 431	4 893 676
275 579	767 329	41 912	41 263	555 830	106 820	169 650	1 505 786
32 053	411 554	9 676	17 486	120 145	47 442	40 644	1 597 767
10 128	110 330	3 523	10 839	80 413	19 630	3 715	143 158
5 851	411 599	1 499	11 012	44 635	14 102	14 830	301 993
1 554	79 314	1 060	4 155	5 787	1 772	2 179	24 611
19 282	711 284	3 966	7 888	65 141	29 681	14 908	232 426
27 983	556 058	8 282	8 634	57 865	35 689	24 820	345 013
27 012	273 998	1 393	3 821	88 110	14 625	16 296	531 051
12 979	285 130	6 815	15 667	31 489	13 765	14 229	161 027
111 926	573 507	25 829	166 608	572 944	219 647	123 855	1 341 416
104 574	134 246	2 873	4 570	34 593	12 363	443 567	327 991
3 344	31 125	9 611	4 197	13 018	6 618	7 714	31 592
39 348	669 935	25 759	4 507	182 682	58 407	14 931	319 493
78 581	311 770	13 083	20 936	189 111	84 152	66 256	382 056
8 357	47 053	4 434	10 282	42 318	12 869	53 722	143 229
4 219	69 568	2 337	4 194	31 781	10 578	4 214	170 840
699	225	295	2 297	584	1 783	70 659	165 196
5 316	204 294	4 009	8 903	25 214	11 185	22 597	102 563
22 039	212 950	5 872	9 579	21 135	24 204	218 198	87 924
8 831	12 787	3 034	1 695	4 740	3 051	66 124	44 651
359	1 332	25	250	1 328	855	1 214	4 244
465 421	59 133	48 255	16 747	46 881	115 809	1 849 772	856 739

暂住旅店

	合计	务工	务农	经商	服务
	1	2	3	4	5
全国	**8 486 504**	**1 600 311**	**21 648**	**1 137 108**	**298 341**
北京市	244 736	40 941	798	43 732	17 532
天津市	28 326	21 967	116	359	108
河北省	4 184	1 795	10	881	387
山西省	48 011	8 749	77	2 799	3 946
内蒙古自治区	58 080	19 302	75	10 526	8 922
辽宁省	71 963	9 757	1 994	9 738	6 226
吉林省	22 989	3 754	304	2 732	1 745
黑龙江省	56 134	19 074	495	7 596	1 782
上海市					
江苏省	578 740	46 187	4 084	84 556	21 231
浙江省	123 278	16 367	138	27 769	7 672
安徽省	27 321	5 079	564	5 495	2 232
福建省	81 968	33 231	30	7 939	848
江西省	10 544	1 747	57	2 594	2 612
山东省	88 311	28 902	429	25 276	6 903
河南省	176 026	60 519	1 810	23 603	3 854
湖北省	80 729	10 021	190	8 063	5 500
湖南省	225 580	146 042	550	8 214	6 319
广东省	398 002	47 793	1 976	55 320	24 075
广西壮族自治区	596 510	21 866	70	3 041	781
海南省	10 758	2 826	82	1 485	704
重庆市	15 331	5 199	1 346	2 131	1 613
四川省	295 974	69 026	1 085	25 292	14 632
贵州省	78 494	5 294	383	6 019	5 428
云南省	47 472	18 021	456	10 576	6 445
西藏自治区	64 887	3 379	127	1 167	793
陕西省	71 080	28 137	192	9 903	5 532
甘肃省	290 526	5 145	1 151	5 051	4 521
青海省	72 021	3 164	55	2 608	607
宁夏回族自治区	1 659	305	67	231	113
新疆维吾尔自治区	4 616 870	916 722	2 937	742 412	135 278

人 员 情 况

因公出差	借读培训	治病疗养	保　　姆	投靠亲友	探亲访友	旅游观光	其　　他
6	7	8	9	10	11	12	13
1 019 365	**101 766**	**60 188**	**15 002**	**52 009**	**195 028**	**2 933 606**	**1 052 132**
19 041	15 321	2 825	38	1 791	7 193	86 472	9 052
169	41	1		32	37	18	5 478
128	14	5		64	150	101	649
9 665	1 851	908	6	1 188	2 783	11 273	4 766
2 880	989	449	145	574	1 301	7 415	5 502
3 781	1 369	299	120	1 550	2 214	25 473	9 442
4 114	255	220	70	174	622	7 711	1 288
6 150	451	792	14	1 394	2 351	11 599	4 436
203 655	14 128	4 457	414	6 243	17 802	140 420	35 563
25 742	769	414	44	347	5 697	32 208	6 111
4 730	713	321	50	215	1 024	2 532	4 366
1 693	2 059	139	73	1 407	2 987	6 366	25 196
588	609	111	4	30	220	1 537	435
10 067	1 921	148	24	1 108	1 543	7 129	4 861
17 410	5 880	1 300	128	1 790	7 640	16 845	35 247
23 524	4 302	71	16	1 000	1 027	14 807	12 208
8 210	2 840	1 097	184	544	3 932	10 301	37 347
51 422	7 370	1 790	1 166	7 510	18 725	81 301	99 554
96 225	751	1 359	151	1 181	3 611	436 470	31 004
625	31	45	20	552	674	3 586	128
1 551	818	41	1	16	726	680	1 209
62 598	8 395	1 824	378	3 762	9 822	55 072	44 088
4 110	943	639	28	699	2 391	48 553	4 007
1 126	468	951	114	1 135	815	2 308	5 057
575	1			3	22	38 923	19 897
2 501	1 026	111	63	510	2 103	15 391	5 611
19 024	6 669	3 995		5 065	17 765	215 124	7 016
6 952	24	216	17	247	396	54 695	3 040
29	140			2	7	658	107
431 080	21 618	35 660	11 734	11 876	79 448	1 598 638	629 467

暂住居民家

	合计	务工	务农	经商	服务
	1	2	3	4	5
全国	**14 920 313**	**7 287 394**	**773 735**	**1 546 927**	**733 062**
北京市	1 194 020	661 757	34 349	187 097	81 618
天津市	671 536	426 339	9 461	28 125	1 764
河北省	237 913	124 408	4 844	28 797	12 182
山西省	112 569	46 936	2 698	15 799	11 183
内蒙古自治区	181 862	82 265	13 465	24 319	12 888
辽宁省	253 194	95 500	15 061	33 914	21 514
吉林省	222 435	66 750	36 175	29 965	13 574
黑龙江省	180 208	76 911	29 648	20 948	10 498
上海市	862 437	154 801	2 789	36 228	1 277
江苏省	1 388 368	611 414	63 392	149 302	127 623
浙江省	759 411	546 920	4 592	46 155	13 518
安徽省	289 787	92 777	17 089	36 703	12 904
福建省	917 758	744 587	7 729	28 076	8 474
江西省	56 804	24 361	4 082	10 517	4 251
山东省	654 664	358 308	35 543	101 082	28 005
河南省	1 008 233	692 114	12 381	98 285	17 758
湖北省	343 155	129 024	30 014	42 014	10 927
湖南省	359 272	234 128	9 195	40 282	9 280
广东省	1 171 995	413 255	27 666	160 982	73 434
广西壮族自治区	389 172	204 178	3 176	35 592	9 159
海南省	60 418	26 128	1 234	8 305	7 311
重庆市	1 289 823	567 323	126 930	85 199	85 328
四川省	738 919	274 129	28 373	73 100	31 820
贵州省	169 680	62 179	10 577	33 487	11 425
云南省	388 968	212 778	10 519	65 650	51 349
西藏自治区	12 249	3 486	519	3 034	723
陕西省	333 113	184 015	9 261	51 656	20 499
甘肃省	186 696	55 334	32 834	29 499	14 085
青海省	61 625	21 145	9 396	11 333	4 122
宁夏回族自治区	34 826	13 160	9 409	5 266	3 789
新疆维吾尔自治区	389 203	80 984	171 334	26 216	20 780

中人员情况

因公出差	借读培训	治病疗养	保　　姆	投靠亲友	探亲访友	旅游观光	其　　他
6	7	8	9	10	11	12	13
46 563	**514 764**	**43 780**	**252 135**	**1 510 496**	**471 097**	**86 392**	**1 653 968**
7 753	43 072	6 388	25 562	47 606	43 928	8 948	45 942
107	7 648	228	267	64 860	9 821	96	122 820
50	8 039	267	857	25 486	3 782	331	28 870
171	4 452	832	2 183	16 121	5 626	871	5 697
460	5 327	644	3 650	16 546	4 444	606	17 248
777	8 240	718	4 913	33 727	13 396	592	24 842
216	4 933	889	5 762	26 811	8 198	471	28 691
274	2 433	346	4 917	17 883	5 812	107	10 431
127	13 064	551	1 519	291 480	14 131	366	346 104
5 846	73 222	6 529	25 076	129 029	48 029	9 543	139 363
699	11 992	354	7 548	30 603	19 637	5 668	71 725
466	13 895	533	4 993	54 547	10 940	336	44 604
1 376	20 626	357	7 476	32 243	9 062	4 903	52 849
36	3 894	558	2 272	3 101	1 086	450	2 196
1 358	16 600	796	5 778	43 807	18 583	2 470	42 334
2 142	26 884	1 386	3 045	43 660	17 220	2 279	91 079
253	8 890	246	2 717	59 794	9 118	477	49 681
1 820	20 969	1 595	10 953	12 200	6 431	946	11 473
6 088	70 665	4 764	81 478	166 119	60 678	10 977	95 889
1 910	13 515	982	2 487	21 245	4 063	209	92 656
168	1 798	1 919	2 692	4 543	2 222	1 148	2 950
8 186	26 443	2 030	3 463	159 130	50 209	7 466	168 116
2 314	47 897	4 240	15 433	128 000	53 595	3 697	76 321
341	5 353	634	5 069	20 047	5 882	1 393	13 293
334	2 613	283	1 722	16 402	7 080	412	19 826
91	21		1 845	265	1 104	476	685
245	22 949	1 241	6 724	11 737	5 150	3 544	16 092
350	19 307	797	8 282	10 200	5 656	106	10 246
131	3 751	535	700	3 023	1 887	3 314	2 288
138	285	15	169	879	718	541	457
2 336	5 987	3 123	2 583	19 402	23 609	13 649	19 200

暂住单位内

	合计	务工	务农	经商	服务
	1	2	3	4	5
全国	**35 217 471**	**26 187 259**	**283 526**	**1 214 547**	**1 813 878**
北京市	1 742 620	1 251 524	45 833	144 113	164 872
天津市	960 229	891 134	5 999	6 485	4 411
河北省	398 722	287 518	1 873	17 602	38 117
山西省	279 301	211 401	1 451	14 869	38 118
内蒙古自治区	265 331	158 386	2 782	35 080	33 463
辽宁省	421 675	262 687	9 023	25 787	45 932
吉林省	66 099	29 313	1 427	7 947	14 985
黑龙江省	115 760	62 778	6 439	7 620	12 152
上海市	572 829	371 484	3 413	4 827	1 260
江苏省	4 722 513	3 514 951	36 667	168 185	286 658
浙江省	5 264 030	4 543 234	11 914	44 307	142 073
安徽省	338 927	207 186	4 760	35 005	32 208
福建省	1 698 987	1 320 041	2 390	16 062	53 713
江西省	229 939	128 785	1 531	17 205	12 354
山东省	2 732 045	1 889 390	8 829	76 050	104 031
河南省	1 513 254	902 340	4 434	53 711	18 339
湖北省	903 862	525 648	6 021	39 626	13 045
湖南省	540 645	360 475	1 888	28 779	22 754
广东省	7 820 306	6 574 545	39 978	267 337	530 049
广西壮族自治区	266 665	135 218	2 903	12 174	10 548
海南省	95 555	45 176	842	5 210	9 665
重庆市	1 599 953	892 796	21 032	11 460	41 878
四川省	846 158	548 459	4 760	31 760	38 565
贵州省	174 405	114 236	2 085	19 463	13 389
云南省	470 267	323 243	5 275	40 838	30 196
西藏自治区	10 592	5 066	132	3 898	673
陕西省	410 034	227 442	3 566	29 680	32 786
甘肃省	277 485	105 905	4 334	27 218	26 980
青海省	66 796	42 031	1 362	5 713	6 186
宁夏回族自治区	35 718	26 267	550	2 875	5 102
新疆维吾尔自治区	376 769	228 600	40 033	13 661	29 376

部人员情况

因公出差	借读培训	治病疗养	保　　姆	投靠亲友	探亲访友	旅游观光	其　　他
6	7	8	9	10	11	12	13
132 803	**3 811 995**	**65 079**	**31 138**	**123 087**	**50 612**	**27 370**	**1 476 177**
8 066	79 891	2 375	2 300	6 085	3 206	2 400	31 955
161	32 289	14		710	573	5	18 448
545	35 628	84	37	606	132	58	16 522
1 064	4 518	129	15	471	133	37	7 095
884	18 638	153	32	1 564	73	14	14 262
1 592	44 768	574	197	2 189	1 955	135	26 836
941	8 444	338	11	700	138	23	1 832
541	17 557	141	368	939	279	1	6 945
77	15 174	64	93	4 389	2 079	87	169 882
36 328	327 490	20 864	2 911	30 566	9 922	5 996	281 975
2 032	315 462	343	1 101	7 520	2 360	398	193 286
1 636	42 900	36	229	3 265	493	220	10 989
1 501	265 642	445	791	1 180	362	971	35 889
430	62 065	114	204	327	127	6	6 791
4 753	595 275	1 847	140	3 327	2 413	1 322	44 668
6 139	445 098	4 216	2 976	2 697	4 585	2 076	66 643
1 229	162 034	205	95	3 680	620	141	151 518
1 029	91 371	1 157	2 630	3 607	736	696	25 523
16 453	166 129	4 682	12 328	25 652	10 749	3 521	168 883
549	69 415	57	741	1 997	674	135	32 254
391	18 672	1 125	375	1 638	266	486	11 709
16 205	575 625	19 287	47	2 374	1 788	343	17 118
6 450	155 162	3 260	1 494	5 430	3 532	1 375	45 911
620	11 337	208	156	1 503	326	104	10 978
1 200	37 761	397	540	3 990	935	463	25 429
	69		358	85	221	71	19
990	99 346	1 046	474	3 287	416	385	10 616
1 060	92 403	495	267	596	184	177	17 866
987	5 747	1 163	12	159	62	621	2 753
124	362	10		102	42	5	279
18 826	15 723	250	216	2 452	1 231	5 098	21 303

暂住工地现

	合计	务工	务农	经商	服务
	1	2	3	4	5
全国	**12 081 246**	**10 598 223**	**267 911**	**339 649**	**317 484**
北京市	1 055 472	875 172	48 400	54 719	54 756
天津市	488 808	481 043	3 336	726	137
河北省	306 778	272 879	1 213	9 576	15 099
山西省	277 967	264 735	1 059	4 405	3 638
内蒙古自治区	601 316	569 459	2 225	7 480	7 520
辽宁省	427 511	353 342	13 576	11 479	12 327
吉林省	109 378	93 104	2 009	8 868	2 435
黑龙江省	160 758	144 500	3 775	2 194	3 906
上海市	126 978	85 157	5 191	480	36
江苏省	1 364 480	1 129 494	24 590	36 521	49 824
浙江省	716 013	664 373	14 033	9 743	7 601
安徽省	254 054	216 593	7 765	14 241	3 977
福建省	407 980	373 015	6 234	1 756	3 319
江西省	133 404	120 969	1 947	5 431	3 057
山东省	669 479	613 698	4 996	25 138	13 753
河南省	299 465	282 306	2 454	6 378	2 222
湖北省	209 014	165 577	5 217	14 971	5 574
湖南省	258 971	219 020	2 489	13 428	15 897
广东省	951 594	791 145	41 556	23 978	37 093
广西壮族自治区	218 869	187 135	2 723	5 555	7 874
海南省	99 350	83 741	4 278	3 278	3 965
重庆市	465 415	434 098	16 303	2 501	4 414
四川省	562 748	497 480	6 816	12 167	9 923
贵州省	330 442	278 896	7 122	15 518	7 158
云南省	315 612	287 950	8 580	5 401	4 082
西藏自治区	56 053	54 052	128	1 281	69
陕西省	332 234	291 353	2 501	18 901	14 607
甘肃省	314 058	273 122	4 736	13 947	9 315
青海省	152 468	143 323	1 321	3 211	2 178
宁夏回族自治区	69 085	60 560	555	2 310	5 248
新疆维吾尔自治区	345 492	290 932	20 783	4 067	6 480

场人员情况

因公出差	借读培训	治病疗养	保　　姆	投靠亲友	探亲访友	旅游观光	其　　他
6	7	8	9	10	11	12	13
20 874	**59 761**	**5 920**	**6 157**	**35 996**	**15 060**	**7 388**	**406 823**
1 101	3 392	111	1 314	1 277	659	1 083	13 488
21	1 082	1		190	80		2 192
183	197	1	5	382	87	3	7 153
212	1 511		1	241	60	3	2 102
57	833		23	1 583	168	139	11 829
630	709	45	149	2 455	1 629	380	30 790
45	46	75	34	414	329	11	2 008
93	1 122	726	45	252	709	4	3 432
4	329	4	10	324	207	9	35 227
8 201	18 430	323	373	5 912	1 436	570	88 806
95	429	1 219	69	804	254	6	17 387
258	385	23	638	2 290	1 071	23	6 790
285	655	22	149	444	133	232	21 736
4	41		40	290	48	1	1 576
701	1 939	84	104	681	684	1 047	6 654
332	725	93	173	533	273	166	3 810
159	1 633	45	55	1 108	346	3	14 326
77	1 087	45	123	202	91	37	6 475
1 719	8 721	160	799	4 452	2 184	1 060	38 727
11	3 149	1	4	229	265	12	11 911
868	91		111	1 036	54	49	1 879
1 249	125	11	3	204	171	22	6 314
1 378	4 466	180	747	3 390	1 278	620	24 303
1 028	1 067	447	460	2 485	923	481	14 857
281	72	10	83	437	155	7	8 554
1				4	5	75	438
390	233	7	75	1 890	279	132	1 866
352	2 461		18	304	113	1	9 689
473	11		213	258	64	34	1 382
				146	59		207
666	4 820	2 287	339	1 779	1 246	1 178	10 915

暂住租赁房

	合　计	务　工	务　农	经　商	服　务
	1	2	3	4	5
全　国	**74 509 011**	**51 245 819**	**1 324 408**	**7 111 444**	**4 459 856**
北京市	4 220 898	2 538 771	80 873	900 399	402 635
天津市	731 213	638 336	6 243	29 097	2 589
河北省	593 178	390 302	5 247	93 872	52 369
山西省	424 832	235 418	8 108	73 385	72 319
内蒙古自治区	993 842	597 484	18 561	159 430	99 493
辽宁省	1 047 633	518 847	38 333	146 098	128 116
吉林省	319 936	137 398	18 824	85 328	37 417
黑龙江省	373 223	199 269	26 408	61 148	37 722
上海市	5 942 484	2 360 782	58 997	177 302	20 753
江苏省	8 141 622	4 979 364	140 743	891 041	866 780
浙江省	14 811 390	12 497 768	113 230	457 380	370 603
安徽省	805 169	433 236	16 941	170 358	64 408
福建省	4 079 563	3 554 090	59 036	102 824	76 506
江西省	279 753	164 371	5 801	62 865	22 948
山东省	2 103 095	1 517 191	49 479	298 698	124 063
河南省	763 433	565 026	4 554	110 601	16 321
湖北省	1 150 750	725 743	12 347	136 867	52 436
湖南省	1 337 418	880 595	12 653	266 554	56 430
广东省	17 091 337	12 841 320	243 886	1 287 152	1 244 260
广西壮族自治区	744 635	469 289	26 142	90 549	37 691
海南省	230 614	125 259	6 773	30 722	33 846
重庆市	1 407 179	900 900	129 817	132 173	100 956
四川省	1 530 177	904 569	25 984	275 231	87 419
贵州省	896 978	471 869	33 527	216 407	61 790
云南省	1 405 568	905 099	28 419	301 882	98 861
西藏自治区	86 444	27 642	3 045	40 412	14 437
陕西省	1 095 226	713 689	10 069	163 346	104 555
甘肃省	520 394	204 182	6 771	147 000	71 871
青海省	211 957	104 609	9 653	70 967	11 799
宁夏回族自治区	108 445	68 225	4 237	19 499	13 305
新疆维吾尔自治区	1 060 625	575 176	119 707	112 857	75 158

屋人员情况

因公出差	借读培训	治病疗养	保　　姆	投靠亲友	探亲访友	旅游观光	其　　他
6	7	8	9	10	11	12	13
110 701	**1 281 150**	**46 761**	**130 983**	**1 153 798**	**279 273**	**66 298**	**7 298 520**
20 080	83 560	4 724	13 877	33 454	16 539	5 478	120 508
142	7 222	63	15	5 776	3 585	28	38 117
120	9 793	259	145	4 019	580	12	36 460
4 221	4 340	435	118	8 135	1 190	130	17 033
441	25 719	640	1 338	13 747	978	1 047	74 964
2 198	37 161	909	1 181	14 316	5 798	891	153 785
710	9 315	367	273	6 162	1 692	274	22 176
363	6 180	1 034	1 821	8 357	1 108	149	29 664
710	73 253	1 586	5 666	124 180	45 006	3 304	3 070 945
7 438	149 371	5 416	10 534	355 534	18 366	6 114	710 921
3 061	49 350	1 967	8 480	77 109	18 223	1 771	1 212 448
2 669	31 222	723	2 608	17 017	4 726	577	60 684
956	121 717	470	2 453	8 147	1 470	1 974	149 920
447	8 947	262	1 263	1 865	258	5	10 721
1 974	32 896	590	1 732	12 469	5 531	1 794	56 678
1 182	25 282	485	806	7 152	2 551	723	28 750
1 119	34 181	544	759	12 062	2 060	345	172 287
1 138	75 172	1 484	1 202	11 526	1 657	574	28 433
30 108	233 666	8 566	62 329	318 572	110 961	17 843	692 674
3 037	11 010	315	1 083	8 001	3 484	290	93 744
1 266	8 516	5 654	980	4 566	3 118	1 812	8 102
9 328	32 157	1 548	933	16 543	2 827	4 780	75 217
4 049	61 393	2 279	2 398	42 209	12 425	3 077	109 144
1 324	23 950	1 752	4 043	14 808	2 473	2 126	62 909
1 137	6 050	452	952	7 939	1 304	751	52 722
1	81	1	1	121	118	78	507
1 024	45 801	328	1 506	7 254	2 658	2 762	42 234
234	63 882	317	542	2 955	189	26	22 425
33	1 653	667	267	757	485	2 578	8 489
64	446		81	185	24		2 379
10 127	7 864	2 924	1 597	8 861	7 889	4 985	133 480

务 工 人

	合计	性别		暂住时间			来	
		男	女	一个月以下	一个月至一年	一年以上	省内	
							市	县
	1	2	3	4	5	6	7	8
全国	**100 605 188**	**60 379 729**	**40 225 459**	**7 554 888**	**59 411 634**	**33 638 666**	**9 829 027**	**23 440 521**
北京市	5 488 671	3 175 018	2 313 653	244 940	3 119 535	2 124 196		
天津市	2 651 046	1 736 436	914 610	18 902	2 328 053	304 091		
河北省	1 135 944	789 024	346 920	13 422	711 279	411 243	137 222	377 582
山西省	810 992	598 633	212 359	64 743	479 228	267 021	120 825	289 875
内蒙古自治区	1 494 538	1 083 814	410 724	150 931	789 610	553 997	171 962	602 273
辽宁省	1 308 280	870 308	437 972	97 348	699 285	511 647	202 380	460 786
吉林省	344 074	224 618	119 456	25 373	157 694	161 007	78 927	152 350
黑龙江省	551 147	360 793	190 354	45 207	242 520	263 420	99 841	300 654
上海市	3 393 171	1 978 432	1 414 739	528 705	2 375 034	489 432	58	4
江苏省	10 558 420	6 432 905	4 125 515	850 994	6 854 421	2 853 005	764 995	2 619 946
浙江省	18 561 245	10 696 504	7 864 741	173 832	13 879 229	4 508 184	862 577	1 463 364
安徽省	989 843	658 299	331 544	56 081	499 576	434 186	198 738	462 852
福建省	6 097 000	3 710 506	2 386 494	1 035 405	3 274 976	1 786 619	315 745	1 006 984
江西省	449 943	297 859	152 084	18 287	224 353	207 303	88 429	197 720
山东省	4 503 405	2 785 305	1 718 100	126 193	3 398 645	978 567	809 293	2 047 049
河南省	2 599 244	1 616 152	983 092	105 310	947 731	1 546 203	889 766	1 288 499
湖北省	1 726 358	1 011 773	714 585	53 767	641 251	1 031 340	218 800	943 411
湖南省	2 104 425	1 285 821	818 604	159 313	1 746 880	198 232	610 427	1 030 431
广东省	21 262 548	11 443 187	9 819 361	1 495 421	9 728 287	10 038 840	2 057 769	3 453 741
广西壮族自治区	1 085 685	695 797	389 888	61 276	611 356	413 053	164 347	543 972
海南省	302 151	199 511	102 640	36 093	141 263	124 795	49 563	61 803
重庆市	2 986 562	1 852 613	1 133 949	49 668	1 703 833	1 233 061	393 276	1 797 117
四川省	2 386 731	1 548 213	838 518	731 321	972 473	682 937	567 621	1 221 420
贵州省	1 009 680	664 969	344 711	70 179	405 208	534 293	183 808	464 165
云南省	1 847 535	1 218 568	628 967	512 256	646 092	689 187	223 849	838 850
西藏自治区	126 060	93 288	32 772	5 821	67 625	52 614	16 378	21 809
陕西省	1 489 470	979 991	509 479	113 902	881 020	494 548	182 003	693 702
甘肃省	683 757	482 881	200 876	52 583	434 416	196 758	109 553	340 198
青海省	333 940	245 274	88 666	32 478	194 672	106 790	15 572	127 037
宁夏回族自治区	173 048	128 738	44 310	10 555	102 570	59 923	33 254	46 343
新疆维吾尔自治区	2 150 275	1 514 499	635 776	614 582	1 153 519	382 174	262 049	586 584

员　总　数

自地区				居住处所					
省外		港澳台	国外	旅店	居民家中	单位内部	工地现场	租赁房屋	其他
市	县								
9	10	11	12	13	14	15	16	17	18
20 509 717	**46 655 290**	**79 231**	**91 402**	**1 600 311**	**7 287 394**	**26 187 259**	**10 598 223**	**51 245 819**	**3 686 182**
1 769 514	3 697 425	1 884	19 848	40 941	661 757	1 251 524	875 172	2 538 771	120 506
847 069	1 803 309	586	82	21 967	426 339	891 134	481 043	638 336	192 227
151 086	469 805	25	224	1 795	124 408	287 518	272 879	390 302	59 042
112 585	287 478	162	67	8 749	46 936	211 401	264 735	235 418	43 753
223 228	496 447	5	623	19 302	82 265	158 386	569 459	597 484	67 642
180 150	459 949	201	4 814	9 757	95 500	262 687	353 342	518 847	68 147
44 602	67 643	20	532	3 754	66 750	29 313	93 104	137 398	13 755
44 222	105 923	21	486	19 074	76 911	62 778	144 500	199 269	48 615
2 914 281	478 828				154 801	371 484	85 157	2 360 782	420 947
1 269 602	5 889 524	6 317	8 036	46 187	611 414	3 514 951	1 129 494	4 979 364	277 010
4 352 143	11 869 769	5 182	8 210	16 367	546 920	4 543 234	664 373	12 497 768	292 583
114 322	213 179	183	569	5 079	92 777	207 186	216 593	433 236	34 972
669 685	4 094 469	7 803	2 314	33 231	744 587	1 320 041	373 015	3 554 090	72 036
56 229	107 350	88	127	1 747	24 361	128 785	120 969	164 371	9 710
461 434	1 172 718	567	12 344	28 902	358 308	1 889 390	613 698	1 517 191	95 916
163 762	257 110	27	80	60 519	692 114	902 340	282 306	565 026	96 939
107 892	452 616	1 456	2 183	10 021	129 024	525 648	165 577	725 743	170 345
183 190	280 190	68	119	146 042	234 128	360 475	219 020	880 595	264 165
5 281 556	10 397 412	51 968	20 102	47 793	413 255	6 574 545	791 145	12 841 320	594 490
123 074	254 038	149	105	21 866	204 178	135 218	187 135	469 289	67 999
81 836	108 385	273	291	2 826	26 128	45 176	83 741	125 259	19 021
119 809	675 037	1 124	199	5 199	567 323	892 796	434 098	900 900	186 246
280 408	313 197	935	3 150	69 026	274 129	548 459	497 480	904 569	93 068
128 309	233 287	46	65	5 294	62 179	114 236	278 896	471 869	77 206
185 964	592 520	57	6 295	18 021	212 778	323 243	287 950	905 099	100 444
27 340	60 516		17	3 379	3 486	5 066	54 052	27 642	32 435
156 206	457 259	40	260	28 137	184 015	227 442	291 353	713 689	44 834
70 893	163 078	2	33	5 145	55 334	105 905	273 122	204 182	40 069
29 721	161 562	21	27	3 164	21 145	42 031	143 323	104 609	19 668
23 529	69 918	1	3	305	13 160	26 267	60 560	68 225	4 531
336 076	965 349	20	197	916 722	80 984	228 600	290 932	575 176	57 861

务　农　人

	合计	性别		暂住时间			来	
		男	女	一个月以下	一个月至一年	一年以上	省内	
							市	县
	1	2	3	4	5	6	7	8
全　　国	**3 040 213**	**1 766 538**	**1 273 675**	**272 204**	**1 657 632**	**1 110 377**	**361 507**	**1 132 662**
北　京　市	218 115	127 726	90 389	34 571	91 406	92 138		
天　津　市	27 279	16 825	10 454	197	21 915	5 167		
河　北　省	13 956	9 769	4 187	367	8 890	4 699	2 582	5 097
山　西　省	13 933	9 946	3 987	1 161	5 107	7 665	2 204	6 516
内蒙古自治区	46 987	29 668	17 319	2 448	18 832	25 707	5 311	17 689
辽　宁　省	84 093	49 973	34 120	7 526	40 029	36 538	14 550	29 099
吉　林　省	70 305	41 195	29 110	3 399	20 949	45 957	17 135	34 241
黑 龙 江 省	89 159	53 202	35 957	4 473	23 824	60 862	13 425	52 161
上　海　市	90 475	49 859	40 616	12 800	64 017	13 658		
江　苏　省	309 340	179 004	130 336	26 173	152 144	131 023	39 835	110 896
浙　江　省	155 690	92 487	63 203	5 478	110 170	40 042	11 145	31 582
安　徽　省	51 311	22 491	28 820	5 188	31 818	14 305	10 126	28 097
福　建　省	77 161	43 873	33 288	5 729	52 637	18 795	7 061	11 446
江　西　省	14 684	10 429	4 255	680	6 011	7 993	1 358	9 554
山　东　省	105 452	61 743	43 709	3 654	72 717	29 081	19 101	43 282
河　南　省	27 683	16 188	11 495	2 156	11 637	13 890	7 694	15 890
湖　北　省	74 161	39 720	34 441	3 386	16 417	54 358	12 175	33 746
湖　南　省	33 237	19 944	13 293	3 038	19 643	10 556	9 854	12 881
广　东　省	407 942	231 868	176 074	25 694	188 821	193 427	48 718	82 989
广西壮族自治区	40 066	22 395	17 671	10 231	19 204	10 631	7 130	16 614
海　南　省	16 908	10 388	6 520	1 035	6 315	9 558	1 609	3 915
重　庆　市	309 029	167 008	142 021	11 450	235 831	61 748	40 766	216 603
四　川　省	77 258	47 143	30 115	13 441	36 705	27 112	16 492	43 819
贵　州　省	59 074	37 297	21 777	7 937	19 573	31 564	10 505	30 725
云　南　省	73 259	46 093	27 166	35 007	18 142	20 110	7 293	43 064
西藏自治区	17 862	10 259	7 603	241	1 945	15 676	6 648	392
陕　西　省	26 951	17 828	9 123	3 660	12 740	10 551	8 067	11 599
甘　肃　省	63 742	33 143	30 599	6 832	40 727	16 183	11 912	43 997
青　海　省	27 854	14 404	13 450	2 323	8 665	16 866	949	18 762
宁夏回族自治区	16 043	9 740	6 303	618	4 534	10 891	1 904	5 812
新疆维吾尔自治区	401 204	244 930	156 274	31 311	296 267	73 626	25 958	172 194

员 总 数

自地区				居住处所					
省外		港澳台	国外	旅店	居民家中	单位内部	工地现场	租赁房屋	其他
市	县								
9	10	11	12	13	14	15	16	17	18
505 986	**1 038 645**	**872**	**541**	**21 648**	**773 735**	**283 526**	**267 911**	**1 324 408**	**368 985**
87 968	130 146	1		798	34 349	45 833	48 400	80 873	7 862
5 700	21 571	3	5	116	9 461	5 999	3 336	6 243	2 124
2 859	3 418			10	4 844	1 873	1 213	5 247	769
1 374	3 839			77	2 698	1 451	1 059	8 108	540
4 835	19 152			75	13 465	2 782	2 225	18 561	9 879
12 022	28 282	50	90	1 994	15 061	9 023	13 576	38 333	6 106
6 714	12 160		55	304	36 175	1 427	2 009	18 824	11 566
5 744	17 827		2	495	29 648	6 439	3 775	26 408	22 394
76 715	13 760				2 789	3 413	5 191	58 997	20 085
40 059	118 447	86	17	4 084	63 392	36 667	24 590	140 743	39 864
34 646	78 256	5	56	138	4 592	11 914	14 033	113 230	11 783
5 272	7 816			564	17 089	4 760	7 765	16 941	4 192
12 927	45 727			30	7 729	2 390	6 234	59 036	1 742
869	2 901		2	57	4 082	1 531	1 947	5 801	1 266
15 501	27 568			429	35 543	8 829	4 996	49 479	6 176
1 387	2 712			1 810	12 381	4 434	2 454	4 554	2 050
7 381	20 856	2	1	190	30 014	6 021	5 217	12 347	20 372
3 729	6 762	6	5	550	9 195	1 888	2 489	12 653	6 462
103 280	172 253	460	242	1 976	27 666	39 978	41 556	243 886	52 880
2 973	13 349			70	3 176	2 903	2 723	26 142	5 052
2 858	8 470	33	23	82	1 234	842	4 278	6 773	3 699
8 594	42 814	216	36	1 346	126 930	21 032	16 303	129 817	13 601
6 313	10 634			1 085	28 373	4 760	6 816	25 984	10 240
8 936	8 906	2		383	10 577	2 085	7 122	33 527	5 380
5 240	17 654	1	7	456	10 519	5 275	8 580	28 419	20 010
6 412	4 410			127	519	132	128	3 045	13 911
3 732	3 553			192	9 261	3 566	2 501	10 069	1 362
2 050	5 783			1 151	32 834	4 334	4 736	6 771	13 916
789	7 351	3		55	9 396	1 362	1 321	9 653	6 067
1 968	6 359			67	9 409	550	555	4 237	1 225
27 139	175 909	4		2 937	171 334	40 033	20 783	119 707	46 410

经 商 人

	合计	性别		暂住时间			来	
		男	女	一个月以下	一个月至一年	一年以上	省内	
							市	县
	1	2	3	4	5	6	7	8
全国	**12 178 618**	**7 481 542**	**4 697 076**	**1 392 440**	**5 688 442**	**5 097 736**	**1 801 900**	**3 468 315**
北京市	1 375 371	828 292	547 079	66 844	633 713	674 814		
天津市	88 455	53 215	35 240	945	65 659	21 851		
河北省	164 198	104 141	60 057	2 896	74 236	87 066	27 229	61 669
山西省	117 951	75 234	42 717	4 752	54 052	59 147	24 901	38 665
内蒙古自治区	262 597	174 206	88 391	19 660	96 671	146 266	46 127	105 714
辽宁省	239 769	146 532	93 237	15 844	93 870	130 055	45 098	68 984
吉林省	147 208	80 652	66 556	5 871	46 527	94 810	36 369	62 903
黑龙江省	111 969	69 551	42 418	9 790	36 440	65 739	28 024	45 848
上海市	253 165	152 648	100 517	37 807	188 083	27 275	2	1
江苏省	1 450 839	900 817	550 022	138 933	845 125	466 781	173 363	432 958
浙江省	605 674	355 182	250 492	18 534	367 627	219 513	97 467	116 104
安徽省	276 556	173 746	102 810	16 267	113 041	147 248	60 911	119 653
福建省	159 920	96 166	63 754	28 265	96 279	35 376	21 015	43 100
江西省	102 700	60 765	41 935	4 219	40 766	57 715	27 334	38 999
山东省	562 785	349 539	213 246	35 568	330 439	196 778	111 334	205 930
河南省	311 068	196 400	114 668	12 919	107 321	190 828	91 054	137 915
湖北省	272 774	160 577	112 197	9 402	76 808	186 564	45 834	115 872
湖南省	386 600	211 887	174 713	23 263	252 443	110 894	87 048	187 382
广东省	1 910 073	1 173 109	736 964	162 155	732 511	1 015 407	352 673	409 642
广西壮族自治区	162 432	100 734	61 698	8 809	76 826	76 797	29 978	59 491
海南省	51 598	33 044	18 554	4 172	19 070	28 356	8 533	12 688
重庆市	280 434	153 777	126 657	5 722	195 545	79 167	32 619	181 924
四川省	450 171	280 055	170 116	96 162	184 092	169 917	119 914	203 208
贵州省	312 522	191 087	121 435	19 650	106 824	186 048	56 318	108 436
云南省	458 031	288 603	169 428	158 275	142 733	157 023	54 681	142 315
西藏自治区	70 384	45 712	24 672	2 092	16 500	51 792	9 841	8 318
陕西省	290 781	179 492	111 289	29 098	129 065	132 618	59 104	91 214
甘肃省	246 265	153 427	92 838	12 376	116 149	117 740	40 220	114 899
青海省	108 107	70 252	37 855	11 445	42 892	53 770	7 823	31 969
宁夏回族自治区	31 553	20 261	11 292	2 659	11 277	17 617	6 199	8 850
新疆维吾尔自治区	916 668	602 439	314 229	428 046	395 858	92 764	100 887	313 664

员　总　数

自地区				居住处所					
省外		港澳台	国外	旅店	居民家中	单位内部	工地现场	租赁房屋	其他
市	县								
9	10	11	12	13	14	15	16	17	18
2 566 527	**4 137 781**	**59 673**	**144 422**	**1 137 108**	**1 546 927**	**1 214 547**	**339 649**	**7 111 444**	**828 943**
549 704	812 302	1 599	11 766	43 732	187 097	144 113	54 719	900 399	45 311
36 180	52 244	28	3	359	28 125	6 485	726	29 097	23 663
22 256	52 990	15	39	881	28 797	17 602	9 576	93 872	13 470
20 364	33 982	24	15	2 799	15 799	14 869	4 405	73 385	6 694
43 813	66 909	6	28	10 526	24 319	35 080	7 480	159 430	25 762
59 071	63 389	261	2 966	9 738	33 914	25 787	11 479	146 098	12 753
24 131	23 351	11	443	2 732	29 965	7 947	8 868	85 328	12 368
16 204	21 731	7	155	7 596	20 948	7 620	2 194	61 148	12 463
215 616	37 546				36 228	4 827	480	177 302	34 328
201 593	629 150	6 419	7 356	84 556	149 302	168 185	36 521	891 041	121 234
131 082	234 832	5 116	21 073	27 769	46 155	44 307	9 743	457 380	20 320
35 701	59 773	292	226	5 495	36 703	35 005	14 241	170 358	14 754
18 679	71 958	2 749	2 419	7 939	28 076	16 062	1 756	102 824	3 263
16 628	19 580	134	25	2 594	10 517	17 205	5 431	62 865	4 088
95 132	141 645	569	8 175	25 276	101 082	76 050	25 138	298 698	36 541
35 461	46 560	55	23	23 603	98 285	53 711	6 378	110 601	18 490
28 776	78 254	726	3 312	8 063	42 014	39 626	14 971	136 867	31 233
35 353	76 686	101	30	8 214	40 282	28 779	13 428	266 554	29 343
453 111	639 217	38 905	16 525	55 320	160 982	267 337	23 978	1 287 152	115 304
28 832	43 783	226	122	3 041	35 592	12 174	5 555	90 549	15 521
9 215	19 616	1 202	344	1 485	8 305	5 210	3 278	30 722	2 598
11 389	54 266	206	30	2 131	85 199	11 460	2 501	132 173	46 970
57 497	68 840	422	290	25 292	73 100	31 760	12 167	275 231	32 621
59 803	87 856	75	34	6 019	33 487	19 463	15 518	216 407	21 628
75 940	180 959	238	3 898	10 576	65 650	40 838	5 401	301 882	33 684
20 006	32 219			1 167	3 034	3 898	1 281	40 412	20 592
59 161	81 203	39	60	9 903	51 656	29 680	18 901	163 346	17 295
28 387	62 758	1		5 051	29 499	27 218	13 947	147 000	23 550
16 438	51 862	5	10	2 608	11 333	5 713	3 211	70 967	14 275
7 484	9 015	1	4	231	5 266	2 875	2 310	19 499	1 372
153 520	283 305	241	65 051	742 412	26 216	13 661	4 067	112 857	17 455

服务人

	合计	性别		暂住时间			来	
		男	女	一个月以下	一个月至一年	一年以上	省内	
							市	县
	1	2	3	4	5	6	7	8
全国	**8 068 116**	**3 881 423**	**4 186 693**	**781 600**	**4 224 962**	**3 061 554**	**1 025 624**	**2 258 142**
北京市	741 033	380 736	360 297	42 411	371 659	326 963		
天津市	15 728	7 150	8 578	86	12 038	3 604		
河北省	124 824	60 724	64 100	1 441	65 250	58 133	13 505	49 890
山西省	132 873	67 114	65 759	17 375	57 649	57 849	19 101	64 941
内蒙古自治区	180 282	79 999	100 283	20 631	85 612	74 039	26 884	80 816
辽宁省	224 136	105 585	118 551	14 144	113 341	96 651	42 270	80 249
吉林省	73 625	33 421	40 204	5 544	37 722	30 359	18 226	27 971
黑龙江省	75 795	35 797	39 998	7 449	31 194	37 152	16 144	33 129
上海市	25 852	10 211	15 641	3 722	19 094	3 036		
江苏省	1 456 727	739 094	717 633	120 242	816 018	520 467	144 250	409 551
浙江省	551 451	245 198	306 253	10 920	374 020	166 511	34 318	51 696
安徽省	124 570	58 508	66 062	14 351	66 513	43 706	29 672	55 791
福建省	144 325	70 530	73 795	23 937	84 203	36 185	17 168	35 074
江西省	47 226	21 944	25 282	3 988	23 624	19 614	11 203	18 210
山东省	284 980	135 389	149 591	13 403	183 295	88 282	65 117	113 240
河南省	62 448	31 635	30 813	5 479	26 317	30 652	17 555	31 722
湖北省	97 817	48 867	48 950	8 602	35 622	53 593	18 740	43 601
湖南省	119 732	51 630	68 102	13 223	68 153	38 356	30 160	49 451
广东省	1 997 966	885 480	1 112 486	192 355	953 197	852 414	260 861	405 121
广西壮族自治区	75 608	41 593	34 015	2 375	27 456	45 777	9 559	40 269
海南省	58 537	27 500	31 037	4 482	22 041	32 014	11 073	17 464
重庆市	259 877	131 719	128 158	5 902	196 890	57 085	36 929	166 545
四川省	192 743	89 830	102 913	34 077	86 611	72 055	48 036	92 247
贵州省	109 016	50 920	58 096	11 970	49 753	47 293	21 044	46 108
云南省	200 579	121 024	79 555	24 279	85 144	91 156	37 143	109 078
西藏自治区	23 018	10 371	12 647	3 038	6 218	13 762	3 396	3 110
陕西省	193 971	89 182	104 789	24 997	109 295	59 679	26 250	76 591
甘肃省	140 659	70 577	70 082	11 710	87 213	41 736	23 644	71 777
青海省	29 143	12 246	16 897	4 589	14 386	10 168	3 257	13 585
宁夏回族自治区	28 984	15 773	13 211	2 023	13 462	13 499	4 356	8 921
新疆维吾尔自治区	274 591	151 676	122 915	132 855	101 972	39 764	35 763	61 994

员　总　数

自地区				居住处所					
省外		港澳台	国外	旅店	居民家中	单位内部	工地现场	租赁房屋	其他
市	县								
9	10	11	12	13	14	15	16	17	18
1 622 151	**3 148 746**	**4 782**	**8 671**	**298 341**	**733 062**	**1 813 878**	**317 484**	**4 459 856**	**445 495**
281 259	456 736	239	2 799	17 532	81 618	164 872	54 756	402 635	19 620
4 794	10 917	16	1	108	1 764	4 411	137	2 589	6 719
11 935	49 488		6	387	12 182	38 117	15 099	52 369	6 670
13 931	34 877	1	22	3 946	11 183	38 118	3 638	72 319	3 669
23 580	48 997		5	8 922	12 888	33 463	7 520	99 493	17 996
31 099	69 029	99	1 390	6 226	21 514	45 932	12 327	128 116	10 021
8 812	18 441		175	1 745	13 574	14 985	2 435	37 417	3 469
7 091	19 412		19	1 782	10 498	12 152	3 906	37 722	9 735
21 549	4 303				1 277	1 260	36	20 753	2 526
164 697	736 090	1 130	1 009	21 231	127 623	286 658	49 824	866 780	104 611
158 341	306 899	24	173	7 672	13 518	142 073	7 601	370 603	9 984
14 232	24 828	6	41	2 232	12 904	32 208	3 977	64 408	8 841
27 184	64 802	46	51	848	8 474	53 713	3 319	76 506	1 465
5 783	12 017		13	2 612	4 251	12 354	3 057	22 948	2 004
39 011	66 910	47	655	6 903	28 005	104 031	13 753	124 063	8 225
5 459	7 710	1	1	3 854	17 758	18 339	2 222	16 321	3 954
12 635	22 788	7	46	5 500	10 927	13 045	5 574	52 436	10 335
14 255	25 770	73	23	6 319	9 280	22 754	15 897	56 430	9 052
581 828	745 176	2 904	2 076	24 075	73 434	530 049	37 093	1 244 260	89 055
9 620	16 160			781	9 159	10 548	7 874	37 691	9 555
10 435	19 472	61	32	704	7 311	9 665	3 965	33 846	3 046
11 060	45 232	104	7	1 613	85 328	41 878	4 414	100 956	25 688
21 414	31 017	14	15	14 632	31 820	38 565	9 923	87 419	10 384
14 167	27 693	1	3	5 428	11 425	13 389	7 158	61 790	9 826
23 050	31 236	2	70	6 445	51 349	30 196	4 082	98 861	9 646
4 692	11 813		7	793	723	673	69	14 437	6 323
34 906	56 220	1	3	5 532	20 499	32 786	14 607	104 555	15 992
13 886	31 352			4 521	14 085	26 980	9 315	71 871	13 887
3 477	8 814	3	7	607	4 122	6 186	2 178	11 799	4 251
4 504	11 203			113	3 789	5 102	5 248	13 305	1 427
43 465	133 344	3	22	135 278	20 780	29 376	6 480	75 158	7 519

因 公 出 差

	合计	性别		暂住时间			来	
		男	女	一个月以下	一个月至一年	一年以上	省内	
							市	县
	1	2	3	4	5	6	7	8
全国	**1 374 622**	**973 353**	**401 269**	**1 002 512**	**262 368**	**109 742**	**300 168**	**384 113**
北京市	61 038	38 121	22 917	20 438	25 304	15 296		
天津市	614	508	106	63	392	159		
河北省	1 127	823	304	580	342	205	199	150
山西省	15 897	10 599	5 298	13 577	1 080	1 240	4 973	4 560
内蒙古自治区	4 813	3 370	1 443	3 006	1 042	765	1 415	1 194
辽宁省	10 216	6 695	3 521	4 428	4 125	1 663	2 723	2 655
吉林省	6 213	4 293	1 920	3 346	2 000	867	1 302	1 358
黑龙江省	8 172	5 250	2 922	6 382	1 149	641	2 634	3 015
上海市	1 097	744	353	217	715	165		
江苏省	275 579	198 640	76 939	208 061	45 883	21 635	80 990	63 487
浙江省	32 053	23 410	8 643	19 385	9 950	2 718	3 606	5 788
安徽省	10 128	7 376	2 752	4 263	4 042	1 823	3 472	3 078
福建省	5 851	3 986	1 865	3 239	2 231	381	614	1 046
江西省	1 554	1 152	402	720	612	222	295	371
山东省	19 282	13 000	6 282	9 553	6 589	3 140	5 782	5 171
河南省	27 983	20 318	7 665	2 023	12 671	13 289	8 818	10 448
湖北省	27 012	21 159	5 853	18 246	5 802	2 964	8 597	5 796
湖南省	12 979	9 481	3 498	1 774	10 074	1 131	4 286	4 315
广东省	111 926	69 517	42 409	50 078	44 275	17 573	20 862	16 989
广西壮族自治区	104 574	85 573	19 001	99 555	3 897	1 122	14 439	64 094
海南省	3 344	2 070	1 274	572	1 020	1 752	769	262
重庆市	39 348	25 417	13 931	4 886	29 441	5 021	9 758	20 984
四川省	78 581	54 564	24 017	68 485	6 576	3 520	17 437	44 224
贵州省	8 357	5 545	2 812	4 325	2 129	1 903	2 309	2 070
云南省	4 219	2 896	1 323	2 403	1 057	759	943	1 352
西藏自治区	699	640	59	641	21	37	84	582
陕西省	5 316	3 290	2 026	2 282	1 855	1 179	1 638	1 317
甘肃省	22 039	15 476	6 563	18 749	2 783	507	4 065	13 995
青海省	8 831	5 280	3 551	6 792	2 020	19	627	2 145
宁夏回族自治区	359	258	101	199	141	19	74	69
新疆维吾尔自治区	465 421	333 902	131 519	424 244	33 150	8 027	97 457	103 598

人员总数

自地区				居住处所					
省外		港澳台	国外	旅店	居民家中	单位内部	工地现场	租赁房屋	其他
市	县								
9	10	11	12	13	14	15	16	17	18
318 010	**343 803**	**10 021**	**18 507**	**1 019 365**	**46 563**	**132 803**	**20 874**	**110 701**	**44 316**
28 497	28 147	584	3 810	19 041	7 753	8 066	1 101	20 080	4 997
455	158	1		169	107	161	21	142	14
403	370		5	128	50	545	183	120	101
3 544	2 803	10	7	9 665	171	1 064	212	4 221	564
1 544	647	1	12	2 880	460	884	57	441	91
2 127	2 369	34	308	3 781	777	1 592	630	2 198	1 238
2 042	1 485		26	4 114	216	941	45	710	187
1 325	1 194	1	3	6 150	274	541	93	363	751
960	137				127	77	4	710	179
70 629	52 959	3 386	4 128	203 655	5 846	36 328	8 201	7 438	14 111
11 521	9 169	322	1 647	25 742	699	2 032	95	3 061	424
2 184	1 242	1	151	4 730	466	1 636	258	2 669	369
741	3 289	76	85	1 693	1 376	1 501	285	956	40
412	475		1	588	36	430	4	447	49
3 773	4 150	104	302	10 067	1 358	4 753	701	1 974	429
4 104	4 594	3	16	17 410	2 142	6 139	332	1 182	778
6 384	3 297	1 175	1 763	23 524	253	1 229	159	1 119	728
2 646	1 678	34	20	8 210	1 820	1 029	77	1 138	705
41 889	25 266	4 099	2 821	51 422	6 088	16 453	1 719	30 108	6 136
3 775	22 266			96 225	1 910	549	11	3 037	2 842
1 107	1 140	33	33	625	168	391	868	1 266	26
3 036	5 515	53	2	1 551	8 186	16 205	1 249	9 328	2 829
8 443	8 312	79	86	62 598	2 314	6 450	1 378	4 049	1 792
1 775	2 201	1	1	4 110	341	620	1 028	1 324	934
1 021	902		1	1 126	334	1 200	281	1 137	141
30	3			575	91		1	1	31
1 300	1 058		3	2 501	245	990	390	1 024	166
1 056	2 923			19 024	350	1 060	352	234	1 019
2 929	3 130			6 952	131	987	473	33	255
95	99		22	29	138	124		64	4
108 263	152 825	24	3 254	431 080	2 336	18 826	666	10 127	2 386

借 读 培 训

	合计	性别		暂住时间			来	
		男	女	一个月以下	一个月至一年	一年以上	省内	
							市	县
	1	2	3	4	5	6	7	8
全　　国	**6 693 677**	**3 643 101**	**3 050 576**	**400 733**	**3 161 053**	**3 131 891**	**1 482 158**	**2 891 558**
北 京 市	232 351	125 548	106 803	20 739	136 294	75 318		
天 津 市	55 341	29 065	26 276	338	34 491	20 512		
河 北 省	55 944	32 775	23 169	2 602	9 943	43 399	9 788	14 689
山 西 省	20 269	12 008	8 261	3 780	8 137	8 352	6 408	7 530
内蒙古自治区	61 328	33 670	27 658	1 838	22 296	37 194	15 023	35 337
辽 宁 省	153 412	85 361	68 051	10 882	72 962	69 568	50 794	46 895
吉 林 省	32 710	17 401	15 309	2 290	8 952	21 468	10 801	11 518
黑 龙 江 省	29 570	15 389	14 181	1 541	6 279	21 750	9 130	10 213
上 海 市	118 231	67 040	51 191	19 402	90 012	8 817	4	
江 苏 省	767 329	425 000	342 329	48 511	350 135	368 683	171 045	343 779
浙 江 省	411 554	216 929	194 625	3 298	192 160	216 096	171 683	98 413
安 徽 省	110 330	56 967	53 363	3 259	40 294	66 777	28 103	61 735
福 建 省	411 599	216 203	195 396	38 331	195 474	177 794	39 793	108 654
江 西 省	79 314	48 334	30 980	399	15 801	63 114	20 408	28 850
山 东 省	711 284	386 357	324 927	7 010	256 070	448 204	144 835	422 382
河 南 省	556 058	300 252	255 806	11 491	222 894	321 673	184 250	313 716
湖 北 省	273 998	151 067	122 931	8 200	109 564	156 234	34 639	139 393
湖 南 省	285 130	150 514	134 616	16 940	233 004	35 186	93 118	144 124
广 东 省	573 507	317 355	256 152	34 825	238 566	300 116	134 486	153 175
广西壮族自治区	134 246	74 448	59 798	8 916	76 840	48 490	31 172	58 473
海 南 省	31 125	15 804	15 321	532	9 081	21 512	5 593	7 571
重 庆 市	669 935	353 307	316 628	12 655	484 889	172 391	127 312	379 571
四 川 省	311 770	172 346	139 424	76 143	125 965	109 662	75 357	169 613
贵 州 省	47 053	25 871	21 182	2 632	14 597	29 824	9 477	26 089
云 南 省	69 568	34 956	34 612	24 339	23 837	21 392	10 862	35 233
西藏自治区	225	152	73	67	92	66	26	120
陕 西 省	204 294	113 666	90 628	11 379	86 110	106 805	53 872	73 354
甘 肃 省	212 950	123 007	89 943	11 169	71 498	130 283	26 490	169 615
青 海 省	12 787	6 375	6 412	258	3 378	9 151	1 270	9 143
宁夏回族自治区	1 332	922	410	492	673	167	393	251
新疆维吾尔自治区	59 133	35 012	24 121	16 475	20 765	21 893	16 026	22 122

人员总数

自地区				居住处所					
省外		港澳台	国外	旅店	居民家中	单位内部	工地现场	租赁房屋	其他
市	县								
9	10	11	12	13	14	15	16	17	18
880 475	**1 385 793**	**16 963**	**36 730**	**101 766**	**514 764**	**3 811 995**	**59 761**	**1 281 150**	**924 241**
94 178	120 864	5 361	11 948	15 321	43 072	79 891	3 392	83 560	7 115
29 911	25 428	2		41	7 648	32 289	1 082	7 222	7 059
17 752	13 631	2	82	14	8 039	35 628	197	9 793	2 273
3 040	3 257		34	1 851	4 452	4 518	1 511	4 340	3 597
4 255	6 260		453	989	5 327	18 638	833	25 719	9 822
21 281	33 059	20	1 363	1 369	8 240	44 768	709	37 161	61 165
3 986	5 527	9	869	255	4 933	8 444	46	9 315	9 717
6 189	2 798	3	1 237	451	2 433	17 557	1 122	6 180	1 827
99 388	18 839				13 064	15 174	329	73 253	16 411
79 003	167 967	898	4 637	14 128	73 222	327 490	18 430	149 371	184 688
64 163	74 836	274	2 185	769	11 992	315 462	429	49 350	33 552
7 189	13 196	18	89	713	13 895	42 900	385	31 222	21 215
21 019	238 982	1 903	1 248	2 059	20 626	265 642	655	121 717	900
12 991	16 690	11	364	609	3 894	62 065	41	8 947	3 758
58 015	84 556	29	1 467	1 921	16 600	595 275	1 939	32 896	62 653
18 931	39 094	3	64	5 880	26 884	445 098	725	25 282	52 189
27 266	68 094	1 786	2 820	4 302	8 890	162 034	1 633	34 181	62 958
25 893	21 880	20	95	2 840	20 969	91 371	1 087	75 172	93 691
117 546	156 790	6 087	5 423	7 370	70 665	166 129	8 721	233 666	86 956
19 330	25 211	28	32	751	13 515	69 415	3 149	11 010	36 406
10 204	7 430	59	268	31	1 798	18 672	91	8 516	2 017
48 705	114 066	267	14	818	26 443	575 625	125	32 157	34 767
27 002	38 800	171	827	8 395	47 897	155 162	4 466	61 393	34 457
5 669	5 771	10	37	943	5 353	11 337	1 067	23 950	4 403
8 632	14 345	1	495	468	2 613	37 761	72	6 050	22 604
56	23			1	21	69		81	53
32 944	44 071		53	1 026	22 949	99 346	233	45 801	34 939
6 626	10 198		21	6 669	19 307	92 403	2 461	63 882	28 228
596	1 754		24	24	3 751	5 747	11	1 653	1 601
139	549			140	285	362		446	99
8 576	11 827	1	581	21 618	5 987	15 723	4 820	7 864	3 121

治 病 疗 养

	合计	性别		暂住时间			来	
							省内	
		男	女	一个月以下	一个月至一年	一年以上	市	县
	1	2	3	4	5	6	7	8
全　　国	**257 719**	**143 430**	**114 289**	**112 425**	**99 178**	**46 116**	**55 717**	**106 021**
北　京　市	16 863	8 734	8 129	3 312	8 081	5 470		
天　津　市	321	173	148	11	235	75		
河　北　省	1 006	517	489	100	237	669	153	272
山　西　省	2 597	1 477	1 120	1 624	860	113	826	1 059
内蒙古自治区	2 183	1 334	849	624	1 162	397	353	1 200
辽　宁　省	2 923	1 702	1 221	707	1 448	768	837	1 018
吉　林　省	2 302	1 426	876	603	1 045	654	725	905
黑　龙　江　省	3 399	1 675	1 724	1 126	1 396	877	961	998
上　海　市	2 583	1 333	1 250	586	1 717	280		
江　苏　省	41 912	23 151	18 761	22 137	14 860	4 915	12 827	18 816
浙　江　省	9 676	5 038	4 638	4 770	3 306	1 600	1 658	3 737
安　徽　省	3 523	1 863	1 660	1 028	1 649	846	1 477	1 639
福　建　省	1 499	850	649	343	898	258	118	550
江　西　省	1 060	625	435	216	733	111	472	291
山　东　省	3 966	2 370	1 596	1 149	1 708	1 109	516	1 909
河　南　省	8 282	4 827	3 455	1 486	2 551	4 245	2 284	4 941
湖　北　省	1 393	849	544	372	378	643	478	433
湖　南　省	6 815	3 701	3 114	2 235	3 536	1 044	1 398	4 109
广　东　省	25 829	14 281	11 548	8 048	11 383	6 398	5 263	5 160
广西壮族自治区	2 873	1 769	1 104	1 213	1 391	269	266	1 383
海　南　省	9 611	6 292	3 319	931	4 011	4 669	1 091	1 554
重　庆　市	25 759	12 439	13 320	10 245	14 682	832	5 148	17 939
四　川　省	13 083	7 109	5 974	7 164	3 179	2 740	3 434	6 590
贵　州　省	4 434	2 712	1 722	1 302	1 727	1 405	1 298	1 948
云　南　省	2 337	1 350	987	1 111	761	465	383	1 225
西藏自治区	295	200	95	36	7	252	211	42
陕　西　省	4 009	2 185	1 824	828	1 984	1 197	1 611	1 299
甘　肃　省	5 872	3 837	2 035	4 655	879	338	1 028	4 363
青　海　省	3 034	1 277	1 757	1 796	1 067	171	127	2 522
宁夏回族自治区	25	22	3	25			25	
新疆维吾尔自治区	48 255	28 312	19 943	32 642	12 307	3 306	10 749	20 119

人 员 总 数

自地区				居住处所					
省外		港澳台	国外	旅店	居民家中	单位内部	工地现场	租赁房屋	其他
市	县								
9	10	11	12	13	14	15	16	17	18
42 361	**50 165**	**379**	**3 076**	**60 188**	**43 780**	**65 079**	**5 920**	**46 761**	**35 991**
7 103	9 596	63	101	2 825	6 388	2 375	111	4 724	440
184	137			1	228	14	1	63	14
352	227	2		5	267	84	1	259	390
252	378		82	908	832	129		435	293
138	403		89	449	644	153		640	297
420	553	3	92	299	718	574	45	909	378
249	392	3	28	220	889	338	75	367	413
228	1 209	1	2	792	346	141	726	1 034	360
2 202	381				551	64	4	1 586	378
3 642	6 625		2	4 457	6 529	20 864	323	5 416	4 323
2 736	1 543	2		414	354	343	1 219	1 967	5 379
188	218	1		321	533	36	23	723	1 887
164	654	13		139	357	445	22	470	66
156	138	3		111	558	114		262	15
416	1 063	3	59	148	796	1 847	84	590	501
431	626			1 300	1 386	4 216	93	485	802
154	328			71	246	205	45	544	282
554	737	7	10	1 097	1 595	1 157	45	1 484	1 437
7 605	7 248	227	326	1 790	4 764	4 682	160	8 566	5 867
966	257	1		1 359	982	57	1	315	159
3 971	2 980	10	5	45	1 919	1 125		5 654	868
914	1 748	10		41	2 030	19 287	11	1 548	2 842
1 153	1 863	15	28	1 824	4 240	3 260	180	2 279	1 300
627	560	1		639	634	208	447	1 752	754
543	185	1		951	283	397	10	452	244
41	1							1	294
738	361			111	1 241	1 046	7	328	1 276
186	295			3 995	797	495		317	268
141	244			216	535	1 163		667	453
					15	10			
5 907	9 215	13	2 252	35 660	3 123	250	2 287	2 924	4 011

保　姆　人

	合计	性别		暂住时间			来	
		男	女	一个月以下	一个月至一年	一年以上	省内	
							市	县
	1	2	3	4	5	6	7	8
全　　国	**459 184**	**82 059**	**377 125**	**40 649**	**208 819**	**209 716**	**60 981**	**149 637**
北京市	44 342	12 863	31 479	3 220	17 473	23 649		
天津市	285	17	268	4	212	69		
河北省	1 081	172	909	113	461	507	160	547
山西省	2 392	764	1 628	85	1 189	1 118	298	1 612
内蒙古自治区	5 317	281	5 036	326	1 952	3 039	686	2 245
辽宁省	6 793	1 024	5 769	422	3 188	3 183	786	3 079
吉林省	6 233	233	6 000	178	2 531	3 524	1 498	2 812
黑龙江省	7 250	239	7 011	365	3 249	3 636	1 628	4 060
上海市	9 961	585	9 376	1 483	7 501	977		
江苏省	41 263	7 906	33 357	4 744	19 928	16 591	5 716	18 134
浙江省	17 486	2 090	15 396	665	6 902	9 919	2 335	2 809
安徽省	10 839	1 584	9 255	857	4 099	5 883	2 029	5 987
福建省	11 012	2 732	8 280	842	6 783	3 387	725	2 786
江西省	4 155	255	3 900	91	1 704	2 360	443	2 848
山东省	7 888	2 297	5 591	457	4 501	2 930	909	4 657
河南省	8 634	2 058	6 576	223	3 317	5 094	1 066	6 735
湖北省	3 821	167	3 654	499	1 523	1 799	956	1 535
湖南省	15 667	3 525	12 142	1 488	6 922	7 257	3 290	8 127
广东省	166 608	30 847	135 761	11 492	75 304	79 812	23 844	35 546
广西壮族自治区	4 570	739	3 831	469	2 063	2 038	770	1 934
海南省	4 197	480	3 717	238	1 580	2 379	620	1 863
重庆市	4 507	328	4 179	102	3 411	994	286	3 702
四川省	20 936	2 936	18 000	3 286	9 130	8 520	4 003	13 438
贵州省	10 282	1 204	9 078	1 931	2 941	5 410	2 687	5 549
云南省	4 194	541	3 653	417	1 535	2 242	537	2 244
西藏自治区	2 297	214	2 083	2	646	1 649	105	1 768
陕西省	8 903	232	8 671	748	4 749	3 406	976	4 872
甘肃省	9 579	131	9 448	1 189	6 310	2 080	1 175	6 664
青海省	1 695	41	1 654	137	1 137	421	200	449
宁夏回族自治区	250		250	20	71	159	45	99
新疆维吾尔自治区	16 747	5 574	11 173	4 556	6 507	5 684	3 208	3 536

员总数

自地区				居住处所					
省外		港澳台	国外	旅店	居民家中	单位内部	工地现场	租赁房屋	其他
市	县								
9	10	11	12	13	14	15	16	17	18
102 083	**146 014**	**116**	**353**	**15 002**	**252 135**	**31 138**	**6 157**	**130 983**	**23 769**
15 637	28 648	5	52	38	25 562	2 300	1 314	13 877	1 251
100	185				267			15	3
128	246				857	37	5	145	37
89	393			6	2 183	15	1	118	69
736	1 647	3		145	3 650	32	23	1 338	129
1 353	1 562		13	120	4 913	197	149	1 181	233
561	1 362			70	5 762	11	34	273	83
636	910		16	14	4 917	368	45	1 821	85
8 692	1 269				1 519	93	10	5 666	2 673
4 538	12 872	3		414	25 076	2 911	373	10 534	1 955
4 050	8 292			44	7 548	1 101	69	8 480	244
614	2 209			50	4 993	229	638	2 608	2 321
1 882	5 539		80	73	7 476	791	149	2 453	70
135	728	1		4	2 272	204	40	1 263	372
1 365	873	3	81	24	5 778	140	104	1 732	110
343	490			128	3 045	2 976	173	806	1 506
427	903			16	2 717	95	55	759	179
1 943	2 299	2	6	184	10 953	2 630	123	1 202	575
47 609	59 420	87	102	1 166	81 478	12 328	799	62 329	8 508
758	1 108			151	2 487	741	4	1 083	104
554	1 160			20	2 692	375	111	980	19
85	434			1	3 463	47	3	933	60
1 477	2 003	12	3	378	15 433	1 494	747	2 398	486
823	1 223			28	5 069	156	460	4 043	526
608	805			114	1 722	540	83	952	783
4	420				1 845	358		1	93
532	2 523			63	6 724	474	75	1 506	61
432	1 308				8 282	267	18	542	470
514	532			17	700	12	213	267	486
32	74				169			81	
5 426	4 577			11 734	2 583	216	339	1 597	278

投　靠　亲　友

	合计	性别		暂住时间			来	
		男	女	一个月以下	一个月至一年	一年以上	省内	
							市	县
	1	2	3	4	5	6	7	8
全国	**3 076 354**	**1 367 798**	**1 708 556**	**369 333**	**1 645 844**	**1 061 177**	**395 574**	**843 036**
北京市	92 195	36 211	55 984	12 520	41 059	38 616		
天津市	73 380	22 654	50 726	283	39 264	33 833		
河北省	32 264	14 188	18 076	755	9 382	22 127	8 894	10 587
山西省	28 966	11 899	17 067	5 420	8 946	14 600	5 795	12 514
内蒙古自治区	42 508	20 132	22 376	4 896	14 486	23 126	7 073	21 410
辽宁省	58 477	29 145	29 332	6 551	25 859	26 067	13 495	20 217
吉林省	36 093	17 256	18 837	3 348	12 289	20 456	9 403	14 057
黑龙江省	33 153	15 171	17 982	6 880	8 753	17 520	7 021	17 325
上海市	463 574	170 535	293 039	57 909	327 959	77 706	9	
江苏省	555 830	238 527	317 303	44 922	333 582	177 326	39 784	150 341
浙江省	120 145	52 734	67 411	2 788	72 460	44 897	12 841	14 191
安徽省	80 413	39 768	40 645	7 331	35 111	37 971	17 383	38 762
福建省	44 635	21 933	22 702	7 858	24 251	12 526	5 564	9 032
江西省	5 787	2 827	2 960	696	3 082	2 009	1 569	2 235
山东省	65 141	30 482	34 659	3 451	41 247	20 443	14 874	24 480
河南省	57 865	25 526	32 339	3 240	23 573	31 052	20 241	25 854
湖北省	88 110	33 947	54 163	5 262	22 977	59 871	18 113	39 297
湖南省	31 489	14 449	17 040	4 115	20 996	6 378	8 718	13 678
广东省	572 944	280 409	292 535	90 682	254 254	228 008	87 782	132 701
广西壮族自治区	34 593	19 776	14 817	3 490	18 839	12 264	6 018	15 844
海南省	13 018	8 093	4 925	2 794	4 351	5 873	1 977	3 952
重庆市	182 682	74 373	108 309	4 395	142 407	35 880	32 199	109 448
四川省	189 111	98 846	90 265	43 479	91 911	53 721	43 623	101 447
贵州省	42 318	22 085	20 233	5 411	16 873	20 034	9 100	17 407
云南省	31 781	15 952	15 829	9 409	10 619	11 753	5 350	13 328
西藏自治区	584	363	221	175	214	195	100	264
陕西省	25 214	13 597	11 617	4 909	10 879	9 426	5 075	8 981
甘肃省	21 135	10 668	10 467	7 381	9 837	3 917	5 118	10 291
青海省	4 740	2 239	2 501	821	1 979	1 940	434	2 147
宁夏回族自治区	1 328	790	538	469	582	277	302	286
新疆维吾尔自治区	46 881	23 223	23 658	17 693	17 823	11 365	7 719	12 960

人 员 总 数

自地区				居住处所					
省外		港澳台	国外	旅店	居民家中	单位内部	工地现场	租赁房屋	其他
市	县								
9	10	11	12	13	14	15	16	17	18
822 394	**988 672**	**8 632**	**18 046**	**52 009**	**1 510 496**	**123 087**	**35 996**	**1 153 798**	**200 968**
33 919	55 794	385	2 097	1 791	47 606	6 085	1 277	33 454	1 982
39 894	33 478	7	1	32	64 860	710	190	5 776	1 812
4 383	8 353	4	43	64	25 486	606	382	4 019	1 707
3 954	6 680	7	16	1 188	16 121	471	241	8 135	2 810
3 596	10 413	2	14	574	16 546	1 564	1 583	13 747	8 494
8 810	15 473	49	433	1 550	33 727	2 189	2 455	14 316	4 240
5 185	7 297	10	141	174	26 811	700	414	6 162	1 832
3 543	5 113	13	138	1 394	17 883	939	252	8 357	4 328
397 973	65 592				291 480	4 389	324	124 180	43 201
49 194	315 374	380	757	6 243	129 029	30 566	5 912	355 534	28 546
27 980	63 355	358	1 420	347	30 603	7 520	804	77 109	3 762
7 857	16 267	76	68	215	54 547	3 265	2 290	17 017	3 079
3 365	17 434	1 410	7 830	1 407	32 243	1 180	444	8 147	1 214
672	1 171	118	22	30	3 101	327	290	1 865	174
10 836	14 588	33	330	1 108	43 807	3 327	681	12 469	3 749
5 256	6 482	29	3	1 790	43 660	2 697	533	7 152	2 033
8 836	21 730	41	93	1 000	59 794	3 680	1 108	12 062	10 466
3 280	5 641	112	60	544	12 200	3 607	202	11 526	3 410
135 331	208 372	5 011	3 747	7 510	166 119	25 652	4 452	318 572	50 639
4 993	7 712	15	11	1 181	21 245	1 997	229	8 001	1 940
3 547	3 347	109	86	552	4 543	1 638	1 036	4 566	683
10 131	30 756	93	55	16	159 130	2 374	204	16 543	4 415
19 485	23 858	290	408	3 762	128 000	5 430	3 390	42 209	6 320
6 747	9 000	45	19	699	20 047	1 503	2 485	14 808	2 776
5 714	7 309	12	68	1 135	16 402	3 990	437	7 939	1 878
94	126			3	265	85	4	121	106
4 270	6 749	18	121	510	11 737	3 287	1 890	7 254	536
1 883	3 812		31	5 065	10 200	596	304	2 955	2 015
596	1 558	1	4	247	3 023	159	258	757	296
345	394		1	2	879	102	146	185	14
10 725	15 444	4	29	11 876	19 402	2 452	1 779	8 861	2 511

	合计	性别		暂住时间			来	
		男	女	一个月以下	一个月至一年	一年以上	省内	
							市	县
	1	2	3	4	5	6	7	8
全国	**1 075 307**	**557 812**	**517 495**	**386 811**	**468 744**	**219 752**	**184 295**	**291 575**
北京市	75 650	36 564	39 086	11 827	36 281	27 542		
天津市	14 524	6 804	7 720	282	10 878	3 364		
河北省	5 632	3 271	2 361	1 831	1 974	1 827	1 374	1 758
山西省	9 946	5 307	4 639	3 519	4 000	2 427	2 617	3 685
内蒙古自治区	7 367	3 989	3 378	3 750	2 286	1 331	1 554	2 423
辽宁省	26 583	14 656	11 927	8 343	10 461	7 779	6 209	7 645
吉林省	11 258	5 882	5 376	3 534	4 680	3 044	2 818	3 290
黑龙江省	11 723	5 995	5 728	6 254	3 002	2 467	3 837	4 009
上海市	67 577	27 544	40 033	14 948	48 108	4 521		
江苏省	106 820	57 083	49 737	47 043	40 766	19 011	22 738	38 359
浙江省	47 442	22 877	24 565	13 334	29 860	4 248	5 251	6 358
安徽省	19 630	9 573	10 057	5 143	9 390	5 097	4 738	6 982
福建省	14 102	7 457	6 645	4 755	6 896	2 451	1 074	2 185
江西省	1 772	1 106	666	877	651	244	331	510
山东省	29 681	14 989	14 692	5 895	16 144	7 642	8 147	8 314
河南省	35 689	16 291	19 398	5 049	18 622	12 018	12 481	17 366
湖北省	14 625	7 356	7 269	3 498	6 186	4 941	3 599	4 495
湖南省	13 765	7 990	5 775	2 750	8 782	2 233	3 203	6 415
广东省	219 647	106 077	113 570	71 312	93 363	54 972	27 330	38 153
广西壮族自治区	12 363	7 769	4 594	5 210	4 881	2 272	1 731	4 203
海南省	6 618	3 475	3 143	2 021	2 173	2 424	896	1 026
重庆市	58 407	28 150	30 257	20 022	35 685	2 700	11 166	35 814
四川省	84 152	46 585	37 567	37 257	34 746	12 149	23 360	36 783
贵州省	12 869	7 839	5 030	4 266	4 707	3 896	2 957	4 287
云南省	10 578	5 806	4 772	4 924	3 559	2 095	1 706	5 183
西藏自治区	1 783	975	808	977	482	324	299	874
陕西省	11 185	6 400	4 785	4 219	5 295	1 671	3 523	3 356
甘肃省	24 204	15 299	8 905	21 167	1 994	1 043	8 195	13 321
青海省	3 051	1 613	1 438	1 180	1 096	775	426	943
宁夏回族自治区	855	465	390	716	113	26	360	309
新疆维吾尔自治区	115 809	72 625	43 184	70 908	21 683	23 218	22 375	33 529

人 员 总 数

自地区				居住处所					
省外		港澳台	国外	旅店	居民家中	单位内部	工地现场	租赁房屋	其他
市	县								
9	10	11	12	13	14	15	16	17	18
251 980	**286 183**	**19 776**	**41 498**	**195 028**	**471 097**	**50 612**	**15 060**	**279 273**	**64 237**
28 228	39 779	1 566	6 077	7 193	43 928	3 206	659	16 539	4 125
7 345	7 176	2	1	37	9 821	573	80	3 585	428
957	1 449	10	84	150	3 782	132	87	580	901
1 884	1 713	7	40	2 783	5 626	133	60	1 190	154
912	2 458	1	19	1 301	4 444	73	168	978	403
4 667	6 078	146	1 838	2 214	13 396	1 955	1 629	5 798	1 591
1 656	2 972	38	484	622	8 198	138	329	1 692	279
1 571	1 967	39	300	2 351	5 812	279	709	1 108	1 464
58 274	9 303				14 131	2 079	207	45 006	6 154
16 033	26 496	1 707	1 487	17 802	48 029	9 922	1 436	18 366	11 265
8 397	14 698	1 387	11 351	5 697	19 637	2 360	254	18 223	1 271
3 749	3 997	87	77	1 024	10 940	493	1 071	4 726	1 376
1 255	3 402	2 296	3 890	2 987	9 062	362	133	1 470	88
344	355	158	74	220	1 086	127	48	258	33
5 865	6 089	341	925	1 543	18 583	2 413	684	5 531	927
2 873	2 928	15	26	7 640	17 220	4 585	273	2 551	3 420
1 882	2 762	685	1 202	1 027	9 118	620	346	2 060	1 454
1 705	1 906	381	155	3 932	6 431	736	91	1 657	918
49 928	87 128	9 379	7 729	18 725	60 678	10 749	2 184	110 961	16 350
3 263	2 926	123	117	3 611	4 063	674	265	3 484	266
1 421	2 354	400	521	674	2 222	266	54	3 118	284
3 905	7 457	37	28	726	50 209	1 788	171	2 827	2 686
10 106	12 260	857	786	9 822	53 595	3 532	1 278	12 425	3 500
2 514	3 045	46	20	2 391	5 882	326	923	2 473	874
1 217	2 470	2		815	7 080	935	155	1 304	289
239	371			22	1 104	221	5	118	313
2 674	1 570	9	53	2 103	5 150	416	279	2 658	579
986	1 684	2	16	17 765	5 656	184	113	189	297
654	1 028			396	1 887	62	64	485	157
86	99	1		7	718	42	59	24	5
27 390	28 263	54	4 198	79 448	23 609	1 231	1 246	7 889	2 386

旅 游 观 光

	合计	性别		暂住时间			来	
		男	女	一个月以下	一个月至一年	一年以上	省内	
							市	县
	1	2	3	4	5	6	7	8
全　国	**3 429 400**	**2 128 075**	**1 301 325**	**3 176 437**	**182 783**	**70 180**	**685 323**	**589 378**
北京市	108 794	61 063	47 731	86 137	15 332	7 325		
天津市	156	94	62	16	118	22		
河北省	563	297	266	472	45	46	72	116
山西省	13 217	7 991	5 226	11 315	882	1 020	2 847	3 453
内蒙古自治区	9 438	5 380	4 058	8 063	858	517	1 681	1 903
辽宁省	27 841	14 783	13 058	25 372	1 865	604	9 113	3 941
吉林省	8 532	4 217	4 315	7 613	536	383	715	6 541
黑龙江省	12 334	6 655	5 679	11 924	262	148	4 854	2 114
上海市	4 431	2 224	2 207	1 121	3 072	238		
江苏省	169 650	99 619	70 031	139 821	20 783	9 046	45 935	32 989
浙江省	40 644	23 201	17 443	36 880	3 685	79	9 380	8 107
安徽省	3 715	1 978	1 737	2 623	774	318	948	1 135
福建省	14 830	9 594	5 236	10 468	3 373	989	1 717	3 558
江西省	2 179	1 266	913	1 491	660	28	950	205
山东省	14 908	8 153	6 755	6 337	6 115	2 456	4 847	2 554
河南省	24 820	15 312	9 508	3 794	8 377	12 649	9 633	8 358
湖北省	16 296	10 663	5 633	14 406	1 350	540	2 297	1 706
湖南省	14 229	8 659	5 570	9 393	4 206	630	3 817	3 558
广东省	123 855	67 047	56 808	78 020	33 258	12 577	22 422	17 082
广西壮族自治区	443 567	306 844	136 723	441 929	1 333	305	139 545	97 124
海南省	7 714	4 502	3 212	3 771	2 785	1 158	548	604
重庆市	14 931	7 677	7 254	2 046	12 875	10	3 236	7 775
四川省	66 256	37 283	28 973	56 335	6 162	3 759	17 407	17 230
贵州省	53 722	29 904	23 818	49 275	2 521	1 926	10 983	6 743
云南省	4 214	2 147	2 067	1 972	1 790	452	808	1 019
西藏自治区	70 659	45 318	25 341	69 641	755	263	4 246	2 547
陕西省	22 597	14 075	8 522	8 734	10 185	3 678	7 782	5 172
甘肃省	218 198	158 487	59 711	216 157	1 989	52	28 656	70 985
青海省	66 124	36 965	29 159	56 985	6 164	2 975	3 459	13 346
宁夏回族自治区	1 214	726	488	1 189	5	20	263	181
新疆维吾尔自治区	1 849 772	1 135 951	713 821	1 813 137	30 668	5 967	347 162	269 332

人 员 总 数

自地区				居住处所					
省外		港澳台	国外	旅店	居民家中	单位内部	工地现场	租赁房屋	其他
市	县								
9	10	11	12	13	14	15	16	17	18
1 187 100	**800 592**	**60 571**	**106 436**	**2 933 606**	**86 392**	**27 370**	**7 388**	**66 298**	**308 346**
39 486	55 132	3 130	11 046	86 472	8 948	2 400	1 083	5 478	4 413
104	52			18	96	5		28	9
106	209		60	101	331	58	3	12	58
3 513	3 373	5	26	11 273	871	37	3	130	903
3 900	1 802		152	7 415	606	14	139	1 047	217
6 968	3 216	364	4 239	25 473	592	135	380	891	370
414	379	31	452	7 711	471	23	11	274	42
3 293	1 656	339	78	11 599	107	1	4	149	474
3 863	568				366	87	9	3 304	665
39 521	37 930	7 104	6 171	140 420	9 543	5 996	570	6 114	7 007
12 016	7 019	907	3 215	32 208	5 668	398	6	1 771	593
992	581	6	53	2 532	336	220	23	577	27
2 449	6 406	345	355	6 366	4 903	971	232	1 974	384
653	344	7	20	1 537	450	6	1	5	180
3 473	3 468	65	501	7 129	2 470	1 322	1 047	1 794	1 146
4 740	2 025	1	63	16 845	2 279	2 076	166	723	2 731
2 616	1 175	2 541	5 961	14 807	477	141	3	345	523
2 451	1 831	877	1 695	10 301	946	696	37	574	1 675
33 003	39 735	4 988	6 625	81 301	10 977	3 521	1 060	17 843	9 153
113 506	93 269	24	99	436 470	209	135	12	290	6 451
2 659	2 955	641	307	3 586	1 148	486	49	1 812	633
658	3 201	9	52	680	7 466	343	22	4 780	1 640
15 921	14 407	341	950	55 072	3 697	1 375	620	3 077	2 415
21 723	13 588	386	299	48 553	1 393	104	481	2 126	1 065
1 383	876	34	94	2 308	412	463	7	751	273
33 647	24 258	4 794	1 167	38 923	476	71	75	78	31 036
5 728	3 869	6	40	15 391	3 544	385	132	2 762	383
33 679	37 965	13 939	32 974	215 124	106	177	1	26	2 764
29 906	19 312	71	30	54 695	3 314	621	34	2 578	4 882
536	234			658	541	5			10
764 193	419 757	19 616	29 712	1 598 638	13 649	5 098	1 178	4 985	226 224

各省、自治区、直辖市暂住人口情况

北

		合计	性别		暂住时间			来	
								省内	
			男	女	一个月以下	一个月至一年	一年以上	市	县
甲		1	2	3	4	5	6	7	8
合计	1	**8 779 374**	**4 997 533**	**3 781 841**	**582 865**	**4 658 695**	**3 537 814**		
务工	2	5 488 671	3 175 018	2 313 653	244 940	3 119 535	2 124 196		
务农	3	218 115	127 726	90 389	34 571	91 406	92 138		
经商	4	1 375 371	828 292	547 079	66 844	633 713	674 814		
服务	5	741 033	380 736	360 297	42 411	371 659	326 963		
因公出差	6	61 038	38 121	22 917	20 438	25 304	15 296		
借读培训	7	232 351	125 548	106 803	20 739	136 294	75 318		
治病疗养	8	16 863	8 734	8 129	3 312	8 081	5 470		
保姆	9	44 342	12 863	31 479	3 220	17 473	23 649		
投靠亲友	10	92 195	36 211	55 984	12 520	41 059	38 616		
探亲访友	11	75 650	36 564	39 086	11 827	36 281	27 542		
旅游观光	12	108 794	61 063	47 731	86 137	15 332	7 325		
其他	13	324 951	166 657	158 294	35 906	162 558	126 487		

京

自地区				居住处所					
省外		港澳台	国外	旅店	居民家中	单位内部	工地现场	租赁房屋	其他
市	县								
9	10	11	12	13	14	15	16	17	18
3 046 384	**5 640 051**	**15 806**	**77 133**	**244 736**	**1 194 020**	**1 742 620**	**1 055 472**	**4 220 898**	**321 628**
1 769 514	3 697 425	1 884	19 848	40 941	661 757	1 251 524	875 172	2 538 771	120 506
87 968	130 146	1		798	34 349	45 833	48 400	80 873	7 862
549 704	812 302	1 599	11 766	43 732	187 097	144 113	54 719	900 399	45 311
281 259	456 736	239	2 799	17 532	81 618	164 872	54 756	402 635	19 620
28 497	28 147	584	3 810	19 041	7 753	8 066	1 101	20 080	4 997
94 178	120 864	5 361	11 948	15 321	43 072	79 891	3 392	83 560	7 115
7 103	9 596	63	101	2 825	6 388	2 375	111	4 724	440
15 637	28 648	5	52	38	25 562	2 300	1 314	13 877	1 251
33 919	55 794	385	2 097	1 791	47 606	6 085	1 277	33 454	1 982
28 228	39 779	1 566	6 077	7 193	43 928	3 206	659	16 539	4 125
39 486	55 132	3 130	11 046	86 472	8 948	2 400	1 083	5 478	4 413
110 891	205 482	989	7 589	9 052	45 942	31 955	13 488	120 508	104 006

天

		合计	性别		暂住时间			来	
			男	女	一个月以下	一个月至一年	一年以上	省内	
								市	县
甲		1	2	3	4	5	6	7	8
合　计	1	**3 159 350**	**1 995 982**	**1 163 368**	**25 806**	**2 663 691**	**469 853**		
务　工	2	2 651 046	1 736 436	914 610	18 902	2 328 053	304 091		
务　农	3	27 279	16 825	10 454	197	21 915	5 167		
经　商	4	88 455	53 215	35 240	945	65 659	21 851		
服　务	5	15 728	7 150	8 578	86	12 038	3 604		
因公出差	6	614	508	106	63	392	159		
借读培训	7	55 341	29 065	26 276	338	34 491	20 512		
治病疗养	8	321	173	148	11	235	75		
保　姆	9	285	17	268	4	212	69		
投靠亲友	10	73 380	22 654	50 726	283	39 264	33 833		
探亲访友	11	14 524	6 804	7 720	282	10 878	3 364		
旅游观光	12	156	94	62	16	118	22		
其　他	13	232 221	123 041	109 180	4 679	150 436	77 106		

津

自地区				居住处所					
省外		港澳台	国外	旅店	居民家中	单位内部	工地现场	租赁房屋	其他
市	县								
9	10	11	12	13	14	15	16	17	18
1 096 644	**2 061 912**	**701**	**93**	**28 326**	**671 536**	**960 229**	**488 808**	**731 213**	**279 238**
847 069	1 803 309	586	82	21 967	426 339	891 134	481 043	638 336	192 227
5 700	21 571	3	5	116	9 461	5 999	3 336	6 243	2 124
36 180	52 244	28	3	359	28 125	6 485	726	29 097	23 663
4 794	10 917	16	1	108	1 764	4 411	137	2 589	6 719
455	158	1		169	107	161	21	142	14
29 911	25 428	2		41	7 648	32 289	1 082	7 222	7 059
184	137			1	228	14	1	63	14
100	185				267			15	3
39 894	33 478	7	1	32	64 860	710	190	5 776	1 812
7 345	7 176	2	1	37	9 821	573	80	3 585	428
104	52			18	96	5		28	9
124 908	107 257	56		5 478	122 820	18 448	2 192	38 117	45 166

河

		合计	性别		暂住时间			来	
			男	女	一个月以下	一个月至一年	一年以上	省内	
								市	县
甲		1	2	3	4	5	6	7	8
合计	1	**1 652 206**	**1 079 644**	**572 562**	**28 505**	**935 214**	**688 487**	**227 554**	**560 879**
务工	2	1 135 944	789 024	346 920	13 422	711 279	411 243	137 222	377 582
务农	3	13 956	9 769	4 187	367	8 890	4 699	2 582	5 097
经商	4	164 198	104 141	60 057	2 896	74 236	87 066	27 229	61 669
服务	5	124 824	60 724	64 100	1 441	65 250	58 133	13 505	49 890
因公出差	6	1 127	823	304	580	342	205	199	150
借读培训	7	55 944	32 775	23 169	2 602	9 943	43 399	9 788	14 689
治病疗养	8	1 006	517	489	100	237	669	153	272
保姆	9	1 081	172	909	113	461	507	160	547
投靠亲友	10	32 264	14 188	18 076	755	9 382	22 127	8 894	10 587
探亲访友	11	5 632	3 271	2 361	1 831	1 974	1 827	1 374	1 758
旅游观光	12	563	297	266	472	45	46	72	116
其他	13	115 667	63 943	51 724	3 926	53 175	58 566	26 376	38 522

北

自地区				居住处所					
省外		港澳台	国外	旅店	居民家中	单位内部	工地现场	租赁房屋	其他
市	县								
9	10	11	12	13	14	15	16	17	18
224 467	**638 579**	**69**	**658**	**4 184**	**237 913**	**398 722**	**306 778**	**593 178**	**111 431**
151 086	469 805	25	224	1 795	124 408	287 518	272 879	390 302	59 042
2 859	3 418			10	4 844	1 873	1 213	5 247	769
22 256	52 990	15	39	881	28 797	17 602	9 576	93 872	13 470
11 935	49 488		6	387	12 182	38 117	15 099	52 369	6 670
403	370		5	128	50	545	183	120	101
17 752	13 631	2	82	14	8 039	35 628	197	9 793	2 273
352	227	2		5	267	84	1	259	390
128	246				857	37	5	145	37
4 383	8 353	4	43	64	25 486	606	382	4 019	1 707
957	1 449	10	84	150	3 782	132	87	580	901
106	209		60	101	331	58	3	12	58
12 250	38 393	11	115	649	28 870	16 522	7 153	36 460	26 013

山

甲		合计	性别：男	性别：女	暂住时间：一个月以下	暂住时间：一个月至一年	暂住时间：一年以上	来…省内：市	来…省内：县
		1	2	3	4	5	6	7	8
合计	1	**1 326 034**	**895 525**	**430 509**	**136 153**	**649 970**	**539 911**	**235 250**	**486 249**
务工	2	810 992	598 633	212 359	64 743	479 228	267 021	120 825	289 875
务农	3	13 933	9 946	3 987	1 161	5 107	7 665	2 204	6 516
经商	4	117 951	75 234	42 717	4 752	54 052	59 147	24 901	38 665
服务	5	132 873	67 114	65 759	17 375	57 649	57 849	19 101	64 941
因公出差	6	15 897	10 599	5 298	13 577	1 080	1 240	4 973	4 560
借读培训	7	20 269	12 008	8 261	3 780	8 137	8 352	6 408	7 530
治病疗养	8	2 597	1 477	1 120	1 624	860	113	826	1 059
保姆	9	2 392	764	1 628	85	1 189	1 118	298	1 612
投靠亲友	10	28 966	11 899	17 067	5 420	8 946	14 600	5 795	12 514
探亲访友	11	9 946	5 307	4 639	3 519	4 000	2 427	2 617	3 685
旅游观光	12	13 217	7 991	5 226	11 315	882	1 020	2 847	3 453
其他	13	157 001	94 553	62 448	8 802	28 840	119 359	44 455	51 839

西

自地区				居住处所					
省外		港澳台	国外	旅店	居民家中	单位内部	工地现场	租赁房屋	其他
市	县								
9	10	11	12	13	14	15	16	17	18
192 119	**411 792**	**229**	**395**	**48 011**	**112 569**	**279 301**	**277 967**	**424 832**	**183 354**
112 585	287 478	162	67	8 749	46 936	211 401	264 735	235 418	43 753
1 374	3 839			77	2 698	1 451	1 059	8 108	540
20 364	33 982	24	15	2 799	15 799	14 869	4 405	73 385	6 694
13 931	34 877	1	22	3 946	11 183	38 118	3 638	72 319	3 669
3 544	2 803	10	7	9 665	171	1 064	212	4 221	564
3 040	3 257		34	1 851	4 452	4 518	1 511	4 340	3 597
252	378		82	908	832	129		435	293
89	393			6	2 183	15	1	118	69
3 954	6 680	7	16	1 188	16 121	471	241	8 135	2 810
1 884	1 713	7	40	2 783	5 626	133	60	1 190	154
3 513	3 373	5	26	11 273	871	37	3	130	903
27 589	33 019	13	86	4 766	5 697	7 095	2 102	17 033	120 308

内 蒙

		合计	性别		暂住时间			来	
								省内	
			男	女	一个月以下	一个月至一年	一年以上	市	县
甲		1	2	3	4	5	6	7	8
合计	1	**2 311 651**	**1 554 119**	**757 532**	**232 549**	**1 113 940**	**965 162**	**309 956**	**961 529**
务工	2	1 494 538	1 083 814	410 724	150 931	789 610	553 997	171 962	602 273
务农	3	46 987	29 668	17 319	2 448	18 832	25 707	5 311	17 689
经商	4	262 597	174 206	88 391	19 660	96 671	146 266	46 127	105 714
服务	5	180 282	79 999	100 283	20 631	85 612	74 039	26 884	80 816
因公出差	6	4 813	3 370	1 443	3 006	1 042	765	1 415	1 194
借读培训	7	61 328	33 670	27 658	1 838	22 296	37 194	15 023	35 337
治病疗养	8	2 183	1 334	849	624	1 162	397	353	1 200
保姆	9	5 317	281	5 036	326	1 952	3 039	686	2 245
投靠亲友	10	42 508	20 132	22 376	4 896	14 486	23 126	7 073	21 410
探亲访友	11	7 367	3 989	3 378	3 750	2 286	1 331	1 554	2 423
旅游观光	12	9 438	5 380	4 058	8 063	858	517	1 681	1 903
其他	13	194 293	118 276	76 017	16 376	79 133	98 784	31 887	89 325

古

自地区				居住处所					
省外		港澳台	国外	旅店	居民家中	单位内部	工地现场	租赁房屋	其他
市	县								
9	10	11	12	13	14	15	16	17	18
328 788	**709 954**	**18**	**1 406**	**58 080**	**181 862**	**265 331**	**601 316**	**993 842**	**211 220**
223 228	496 447	5	623	19 302	82 265	158 386	569 459	597 484	67 642
4 835	19 152			75	13 465	2 782	2 225	18 561	9 879
43 813	66 909	6	28	10 526	24 319	35 080	7 480	159 430	25 762
23 580	48 997		5	8 922	12 888	33 463	7 520	99 493	17 996
1 544	647	1	12	2 880	460	884	57	441	91
4 255	6 260		453	989	5 327	18 638	833	25 719	9 822
138	403		89	449	644	153		640	297
736	1 647	3		145	3 650	32	23	1 338	129
3 596	10 413	2	14	574	16 546	1 564	1 583	13 747	8 494
912	2 458	1	19	1 301	4 444	73	168	978	403
3 900	1 802		152	7 415	606	14	139	1 047	217
18 251	54 819		11	5 502	17 248	14 262	11 829	74 964	70 488

辽

甲		合计	性别		暂住时间			来	
			男	女	一个月以下	一个月至一年	一年以上	省内	
								市	县
甲		1	2	3	4	5	6	7	8
合计	1	**2 428 762**	**1 501 004**	**927 758**	**211 077**	**1 196 921**	**1 020 764**	**445 498**	**826 278**
务工	2	1 308 280	870 308	437 972	97 348	699 285	511 647	202 380	460 786
务农	3	84 093	49 973	34 120	7 526	40 029	36 538	14 550	29 099
经商	4	239 769	146 532	93 237	15 844	93 870	130 055	45 098	68 984
服务	5	224 136	105 585	118 551	14 144	113 341	96 651	42 270	80 249
因公出差	6	10 216	6 695	3 521	4 428	4 125	1 663	2 723	2 655
借读培训	7	153 412	85 361	68 051	10 882	72 962	69 568	50 794	46 895
治病疗养	8	2 923	1 702	1 221	707	1 448	768	837	1 018
保姆	9	6 793	1 024	5 769	422	3 188	3 183	786	3 079
投靠亲友	10	58 477	29 145	29 332	6 551	25 859	26 067	13 495	20 217
探亲访友	11	26 583	14 656	11 927	8 343	10 461	7 779	6 209	7 645
旅游观光	12	27 841	14 783	13 058	25 372	1 865	604	9 113	3 941
其他	13	286 239	175 240	110 999	19 510	130 488	136 241	57 243	101 710

宁

自地区				居住处所					
省外		港澳台	国外	旅店	居民家中	单位内部	工地现场	租赁房屋	其他
市	县								
9	10	11	12	13	14	15	16	17	18
364 365	**772 699**	**1 272**	**18 650**	**71 963**	**253 194**	**421 675**	**427 511**	**1 047 633**	**206 786**
180 150	459 949	201	4 814	9 757	95 500	262 687	353 342	518 847	68 147
12 022	28 282	50	90	1 994	15 061	9 023	13 576	38 333	6 106
59 071	63 389	261	2 966	9 738	33 914	25 787	11 479	146 098	12 753
31 099	69 029	99	1 390	6 226	21 514	45 932	12 327	128 116	10 021
2 127	2 369	34	308	3 781	777	1 592	630	2 198	1 238
21 281	33 059	20	1 363	1 369	8 240	44 768	709	37 161	61 165
420	553	3	92	299	718	574	45	909	378
1 353	1 562		13	120	4 913	197	149	1 181	233
8 810	15 473	49	433	1 550	33 727	2 189	2 455	14 316	4 240
4 667	6 078	146	1 838	2 214	13 396	1 955	1 629	5 798	1 591
6 968	3 216	364	4 239	25 473	592	135	380	891	370
36 397	89 740	45	1 104	9 442	24 842	26 836	30 790	153 785	40 544

吉

甲		合计	性别		暂住时间			来	
			男	女	一个月以下	一个月至一年	一年以上	省内	
								市	县
甲		1	2	3	4	5	6	7	8
合计	1	**821 101**	**473 609**	**347 492**	**64 780**	**325 655**	**430 666**	**200 819**	**357 234**
务工	2	344 074	224 618	119 456	25 373	157 694	161 007	78 927	152 350
务农	3	70 305	41 195	29 110	3 399	20 949	45 957	17 135	34 241
经商	4	147 208	80 652	66 556	5 871	46 527	94 810	36 369	62 903
服务	5	73 625	33 421	40 204	5 544	37 722	30 359	18 226	27 971
因公出差	6	6 213	4 293	1 920	3 346	2 000	867	1 302	1 358
借读培训	7	32 710	17 401	15 309	2 290	8 952	21 468	10 801	11 518
治病疗养	8	2 302	1 426	876	603	1 045	654	725	905
保姆	9	6 233	233	6 000	178	2 531	3 524	1 498	2 812
投靠亲友	10	36 093	17 256	18 837	3 348	12 289	20 456	9 403	14 057
探亲访友	11	11 258	5 882	5 376	3 534	4 680	3 044	2 818	3 290
旅游观光	12	8 532	4 217	4 315	7 613	536	383	715	6 541
其他	13	82 548	43 015	39 533	3 681	30 730	48 137	22 900	39 288

林

自地区				居住处所					
省外		港澳台	国外	旅店	居民家中	单位内部	工地现场	租赁房屋	其他
市	县								
9	10	11	12	13	14	15	16	17	18
106 096	**153 339**	**133**	**3 480**	**22 989**	**222 435**	**66 099**	**109 378**	**319 936**	**80 264**
44 602	67 643	20	532	3 754	66 750	29 313	93 104	137 398	13 755
6 714	12 160		55	304	36 175	1 427	2 009	18 824	11 566
24 131	23 351	11	443	2 732	29 965	7 947	8 868	85 328	12 368
8 812	18 441		175	1 745	13 574	14 985	2 435	37 417	3 469
2 042	1 485		26	4 114	216	941	45	710	187
3 986	5 527	9	869	255	4 933	8 444	46	9 315	9 717
249	392	3	28	220	889	338	75	367	413
561	1 362			70	5 762	11	34	273	83
5 185	7 297	10	141	174	26 811	700	414	6 162	1 832
1 656	2 972	38	484	622	8 198	138	329	1 692	279
414	379	31	452	7 711	471	23	11	274	42
7 744	12 330	11	275	1 288	28 691	1 832	2 008	22 176	26 553

黑　　龙

		合计	性别		暂住时间			来	
								省内	
			男	女	一个月以下	一个月至一年	一年以上	市	县
甲		1	2	3	4	5	6	7	8
合　　计	1	**1 008 268**	**610 194**	**398 074**	**109 234**	**383 163**	**515 871**	**202 995**	**513 125**
务　　工	2	551 147	360 793	190 354	45 207	242 520	263 420	99 841	300 654
务　　农	3	89 159	53 202	35 957	4 473	23 824	60 862	13 425	52 161
经　　商	4	111 969	69 551	42 418	9 790	36 440	65 739	28 024	45 848
服　　务	5	75 795	35 797	39 998	7 449	31 194	37 152	16 144	33 129
因公出差	6	8 172	5 250	2 922	6 382	1 149	641	2 634	3 015
借读培训	7	29 570	15 389	14 181	1 541	6 279	21 750	9 130	10 213
治病疗养	8	3 399	1 675	1 724	1 126	1 396	877	961	998
保　　姆	9	7 250	239	7 011	365	3 249	3 636	1 628	4 060
投靠亲友	10	33 153	15 171	17 982	6 880	8 753	17 520	7 021	17 325
探亲访友	11	11 723	5 995	5 728	6 254	3 002	2 467	3 837	4 009
旅游观光	12	12 334	6 655	5 679	11 924	262	148	4 854	2 114
其　　他	13	74 597	40 477	34 120	7 843	25 095	41 659	15 496	39 599

江

自地区				居住处所					
省外		港澳台	国外	旅店	居民家中	单位内部	工地现场	租赁房屋	其他
市	县								
9	10	11	12	13	14	15	16	17	18
96 237	**192 863**	**426**	**2 622**	**56 134**	**180 208**	**115 760**	**160 758**	**373 223**	**122 185**
44 222	105 923	21	486	19 074	76 911	62 778	144 500	199 269	48 615
5 744	17 827		2	495	29 648	6 439	3 775	26 408	22 394
16 204	21 731	7	155	7 596	20 948	7 620	2 194	61 148	12 463
7 091	19 412		19	1 782	10 498	12 152	3 906	37 722	9 735
1 325	1 194	1	3	6 150	274	541	93	363	751
6 189	2 798	3	1 237	451	2 433	17 557	1 122	6 180	1 827
228	1 209	1	2	792	346	141	726	1 034	360
636	910		16	14	4 917	368	45	1 821	85
3 543	5 113	13	138	1 394	17 883	939	252	8 357	4 328
1 571	1 967	39	300	2 351	5 812	279	709	1 108	1 464
3 293	1 656	339	78	11 599	107	1	4	149	474
6 191	13 123	2	186	4 436	10 431	6 945	3 432	29 664	19 689

上

甲		合计	性别		暂住时间			来	
								省内	
			男	女	一个月以下	一个月至一年	一年以上	市	县
甲		1	2	3	4	5	6	7	8
合计	1	**9 323 793**	**5 106 236**	**4 217 557**	**1 334 874**	**6 519 353**	**1 469 566**	**294**	**19**
务工	2	3 393 171	1 978 432	1 414 739	528 705	2 375 034	489 432	58	4
务农	3	90 475	49 859	40 616	12 800	64 017	13 658		
经商	4	253 165	152 648	100 517	37 807	188 083	27 275	2	1
服务	5	25 852	10 211	15 641	3 722	19 094	3 036		
因公出差	6	1 097	744	353	217	715	165		
借读培训	7	118 231	67 040	51 191	19 402	90 012	8 817	4	
治病疗养	8	2 583	1 333	1 250	586	1 717	280		
保姆	9	9 961	585	9 376	1 483	7 501	977		
投靠亲友	10	463 574	170 535	293 039	57 909	327 959	77 706	9	
探亲访友	11	67 577	27 544	40 033	14 948	48 108	4 521		
旅游观光	12	4 431	2 224	2 207	1 121	3 072	238		
其他	13	4 893 676	2 645 081	2 248 595	656 174	3 394 041	843 461	221	14

海

自地区				居住处所					
省外		港澳台	国外	旅店	居民家中	单位内部	工地现场	租赁房屋	其他
市	县								
9	10	11	12	13	14	15	16	17	18
7 983 067	**1 340 413**				**862 437**	**572 829**	**126 978**	**5 942 484**	**1 819 065**
2 914 281	478 828				154 801	371 484	85 157	2 360 782	420 947
76 715	13 760				2 789	3 413	5 191	58 997	20 085
215 616	37 546				36 228	4 827	480	177 302	34 328
21 549	4 303				1 277	1 260	36	20 753	2 526
960	137				127	77	4	710	179
99 388	18 839				13 064	15 174	329	73 253	16 411
2 202	381				551	64	4	1 586	378
8 692	1 269				1 519	93	10	5 666	2 673
397 973	65 592				291 480	4 389	324	124 180	43 201
58 274	9 303				14 131	2 079	207	45 006	6 154
3 863	568				366	87	9	3 304	665
4 183 554	709 887				346 104	169 882	35 227	3 070 945	1 271 518

		合计	性别		暂住时间			来	
								省内	
			男	女	一个月以下	一个月至一年	一年以上	市	县
甲		1	2	3	4	5	6	7	8
合计	1	**17 239 495**	**10 159 815**	**7 079 680**	**1 810 488**	**10 413 146**	**5 015 861**	**1 669 210**	**4 656 458**
务工	2	10 558 420	6 432 905	4 125 515	850 994	6 854 421	2 853 005	764 995	2 619 946
务农	3	309 340	179 004	130 336	26 173	152 144	131 023	39 835	110 896
经商	4	1 450 839	900 817	550 022	138 933	845 125	466 781	173 363	432 958
服务	5	1 456 727	739 094	717 633	120 242	816 018	520 467	144 250	409 551
因公出差	6	275 579	198 640	76 939	208 061	45 883	21 635	80 990	63 487
借读培训	7	767 329	425 000	342 329	48 511	350 135	368 683	171 045	343 779
治病疗养	8	41 912	23 151	18 761	22 137	14 860	4 915	12 827	18 816
保姆	9	41 263	7 906	33 357	4 744	19 928	16 591	5 716	18 134
投靠亲友	10	555 830	238 527	317 303	44 922	333 582	177 326	39 784	150 341
探亲访友	11	106 820	57 083	49 737	47 043	40 766	19 011	22 738	38 359
旅游观光	12	169 650	99 619	70 031	139 821	20 783	9 046	45 935	32 989
其他	13	1 505 786	858 069	647 717	158 907	919 501	427 378	167 732	417 202

苏

自地区				居住处所					
省外		港澳台	国外	旅店	居民家中	单位内部	工地现场	租赁房屋	其他
市	县								
9	10	11	12	13	14	15	16	17	18
2 121 066	**8 726 741**	**29 795**	**36 225**	**578 740**	**1 388 368**	**4 722 513**	**1 364 480**	**8 141 622**	**1 043 772**
1 269 602	5 889 524	6 317	8 036	46 187	611 414	3 514 951	1 129 494	4 979 364	277 010
40 059	118 447	86	17	4 084	63 392	36 667	24 590	140 743	39 864
201 593	629 150	6 419	7 356	84 556	149 302	168 185	36 521	891 041	121 234
164 697	736 090	1 130	1 009	21 231	127 623	286 658	49 824	866 780	104 611
70 629	52 959	3 386	4 128	203 655	5 846	36 328	8 201	7 438	14 111
79 003	167 967	898	4 637	14 128	73 222	327 490	18 430	149 371	184 688
3 642	6 625		2	4 457	6 529	20 864	323	5 416	4 323
4 538	12 872	3		414	25 076	2 911	373	10 534	1 955
49 194	315 374	380	757	6 243	129 029	30 566	5 912	355 534	28 546
16 033	26 496	1 707	1 487	17 802	48 029	9 922	1 436	18 366	11 265
39 521	37 930	7 104	6 171	140 420	9 543	5 996	570	6 114	7 007
182 555	733 307	2 365	2 625	35 563	139 363	281 975	88 806	710 921	249 158

浙

		合计	性别		暂住时间			来	
								省内	
			男	女	一个月以下	一个月至一年	一年以上	市	县
甲		1	2	3	4	5	6	7	8
合　计	1	**22 150 827**	**12 604 290**	**9 546 537**	**310 233**	**16 224 990**	**5 615 604**	**1 342 468**	**1 981 871**
务　工	2	18 561 245	10 696 504	7 864 741	173 832	13 879 229	4 508 184	862 577	1 463 364
务　农	3	155 690	92 487	63 203	5 478	110 170	40 042	11 145	31 582
经　商	4	605 674	355 182	250 492	18 534	367 627	219 513	97 467	116 104
服　务	5	551 451	245 198	306 253	10 920	374 020	166 511	34 318	51 696
因公出差	6	32 053	23 410	8 643	19 385	9 950	2 718	3 606	5 788
借读培训	7	411 554	216 929	194 625	3 298	192 160	216 096	171 683	98 413
治病疗养	8	9 676	5 038	4 638	4 770	3 306	1 600	1 658	3 737
保　姆	9	17 486	2 090	15 396	665	6 902	9 919	2 335	2 809
投靠亲友	10	120 145	52 734	67 411	2 788	72 460	44 897	12 841	14 191
探亲访友	11	47 442	22 877	24 565	13 334	29 860	4 248	5 251	6 358
旅游观光	12	40 644	23 201	17 443	36 880	3 685	79	9 380	8 107
其　他	13	1 597 767	868 640	729 127	20 349	1 175 621	401 797	130 207	179 722

江

自地区				居住处所					
省外		港澳台	国外	旅店	居民家中	单位内部	工地现场	租赁房屋	其他
市	县								
9	10	11	12	13	14	15	16	17	18
5 138 831	**13 618 185**	**14 375**	**55 097**	**123 278**	**759 411**	**5 264 030**	**716 013**	**14 811 390**	**476 705**
4 352 143	11 869 769	5 182	8 210	16 367	546 920	4 543 234	664 373	12 497 768	292 583
34 646	78 256	5	56	138	4 592	11 914	14 033	113 230	11 783
131 082	234 832	5 116	21 073	27 769	46 155	44 307	9 743	457 380	20 320
158 341	306 899	24	173	7 672	13 518	142 073	7 601	370 603	9 984
11 521	9 169	322	1 647	25 742	699	2 032	95	3 061	424
64 163	74 836	274	2 185	769	11 992	315 462	429	49 350	33 552
2 736	1 543	2		414	354	343	1 219	1 967	5 379
4 050	8 292			44	7 548	1 101	69	8 480	244
27 980	63 355	358	1 420	347	30 603	7 520	804	77 109	3 762
8 397	14 698	1 387	11 351	5 697	19 637	2 360	254	18 223	1 271
12 016	7 019	907	3 215	32 208	5 668	398	6	1 771	593
331 756	949 517	798	5 767	6 111	71 725	193 286	17 387	1 212 448	96 810

安

		合计	性别		暂住时间			来	
								省内	
			男	女	一个月以下	一个月至一年	一年以上	市	县
甲		1	2	3	4	5	6	7	8
合计	1	**1 824 016**	**1 113 642**	**710 374**	**125 762**	**867 849**	**830 405**	**391 294**	**860 082**
务工	2	989 843	658 299	331 544	56 081	499 576	434 186	198 738	462 852
务农	3	51 311	22 491	28 820	5 188	31 818	14 305	10 126	28 097
经商	4	276 556	173 746	102 810	16 267	113 041	147 248	60 911	119 653
服务	5	124 570	58 508	66 062	14 351	66 513	43 706	29 672	55 791
因公出差	6	10 128	7 376	2 752	4 263	4 042	1 823	3 472	3 078
借读培训	7	110 330	56 967	53 363	3 259	40 294	66 777	28 103	61 735
治病疗养	8	3 523	1 863	1 660	1 028	1 649	846	1 477	1 639
保姆	9	10 839	1 584	9 255	857	4 099	5 883	2 029	5 987
投靠亲友	10	80 413	39 768	40 645	7 331	35 111	37 971	17 383	38 762
探亲访友	11	19 630	9 573	10 057	5 143	9 390	5 097	4 738	6 982
旅游观光	12	3 715	1 978	1 737	2 623	774	318	948	1 135
其他	13	143 158	81 489	61 669	9 371	61 542	72 245	33 697	74 371

徽

自地区				居住处所					
省外		港澳台	国外	旅店	居民家中	单位内部	工地现场	租赁房屋	其他
市	县								
9	10	11	12	13	14	15	16	17	18
203 947	**366 567**	**706**	**1 420**	**27 321**	**289 787**	**338 927**	**254 054**	**805 169**	**108 758**
114 322	213 179	183	569	5 079	92 777	207 186	216 593	433 236	34 972
5 272	7 816			564	17 089	4 760	7 765	16 941	4 192
35 701	59 773	292	226	5 495	36 703	35 005	14 241	170 358	14 754
14 232	24 828	6	41	2 232	12 904	32 208	3 977	64 408	8 841
2 184	1 242	1	151	4 730	466	1 636	258	2 669	369
7 189	13 196	18	89	713	13 895	42 900	385	31 222	21 215
188	218	1		321	533	36	23	723	1 887
614	2 209			50	4 993	229	638	2 608	2 321
7 857	16 267	76	68	215	54 547	3 265	2 290	17 017	3 079
3 749	3 997	87	77	1 024	10 940	493	1 071	4 726	1 376
992	581	6	53	2 532	336	220	23	577	27
11 647	23 261	36	146	4 366	44 604	10 989	6 790	60 684	15 725

福

		合计	性别		暂住时间			来	
								省内	
			男	女	一个月以下	一个月至一年	一年以上	市	县
甲		1	2	3	4	5	6	7	8
合计	1	**7 283 927**	**4 373 141**	**2 910 786**	**1 257 802**	**3 885 885**	**2 140 240**	**426 819**	**1 268 448**
务工	2	6 097 000	3 710 506	2 386 494	1 035 405	3 274 976	1 786 619	315 745	1 006 984
务农	3	77 161	43 873	33 288	5 729	52 637	18 795	7 061	11 446
经商	4	159 920	96 166	63 754	28 265	96 279	35 376	21 015	43 100
服务	5	144 325	70 530	73 795	23 937	84 203	36 185	17 168	35 074
因公出差	6	5 851	3 986	1 865	3 239	2 231	381	614	1 046
借读培训	7	411 599	216 203	195 396	38 331	195 474	177 794	39 793	108 654
治病疗养	8	1 499	850	649	343	898	258	118	550
保姆	9	11 012	2 732	8 280	842	6 783	3 387	725	2 786
投靠亲友	10	44 635	21 933	22 702	7 858	24 251	12 526	5 564	9 032
探亲访友	11	14 102	7 457	6 645	4 755	6 896	2 451	1 074	2 185
旅游观光	12	14 830	9 594	5 236	10 468	3 373	989	1 717	3 558
其他	13	301 993	189 311	112 682	98 630	137 884	65 479	16 225	44 033

建

自地区				居住处所					
省外		港澳台	国外	旅店	居民家中	单位内部	工地现场	租赁房屋	其他
市	县								
9	10	11	12	13	14	15	16	17	18
780 797	**4 766 234**	**21 514**	**20 115**	**81 968**	**917 758**	**1 698 987**	**407 980**	**4 079 563**	**97 671**
669 685	4 094 469	7 803	2 314	33 231	744 587	1 320 041	373 015	3 554 090	72 036
12 927	45 727			30	7 729	2 390	6 234	59 036	1 742
18 679	71 958	2 749	2 419	7 939	28 076	16 062	1 756	102 824	3 263
27 184	64 802	46	51	848	8 474	53 713	3 319	76 506	1 465
741	3 289	76	85	1 693	1 376	1 501	285	956	40
21 019	238 982	1 903	1 248	2 059	20 626	265 642	655	121 717	900
164	654	13		139	357	445	22	470	66
1 882	5 539		80	73	7 476	791	149	2 453	70
3 365	17 434	1 410	7 830	1 407	32 243	1 180	444	8 147	1 214
1 255	3 402	2 296	3 890	2 987	9 062	362	133	1 470	88
2 449	6 406	345	355	6 366	4 903	971	232	1 974	384
21 447	213 572	4 873	1 843	25 196	52 849	35 889	21 736	149 920	16 403

江

甲		合计	性别		暂住时间			来	
			男	女	一个月以下	一个月至一年	一年以上	省内	
								市	县
甲		1	2	3	4	5	6	7	8
合计	1	**734 985**	**459 952**	**275 033**	**33 051**	**327 389**	**374 545**	**157 925**	**310 489**
务工	2	449 943	297 859	152 084	18 287	224 353	207 303	88 429	197 720
务农	3	14 684	10 429	4 255	680	6 011	7 993	1 358	9 554
经商	4	102 700	60 765	41 935	4 219	40 766	57 715	27 334	38 999
服务	5	47 226	21 944	25 282	3 988	23 624	19 614	11 203	18 210
因公出差	6	1 554	1 152	402	720	612	222	295	371
借读培训	7	79 314	48 334	30 980	399	15 801	63 114	20 408	28 850
治病疗养	8	1 060	625	435	216	733	111	472	291
保姆	9	4 155	255	3 900	91	1 704	2 360	443	2 848
投靠亲友	10	5 787	2 827	2 960	696	3 082	2 009	1 569	2 235
探亲访友	11	1 772	1 106	666	877	651	244	331	510
旅游观光	12	2 179	1 266	913	1 491	660	28	950	205
其他	13	24 611	13 390	11 221	1 387	9 392	13 832	5 133	10 696

西

自地区				居住处所					
省外		港澳台	国外	旅店	居民家中	单位内部	工地现场	租赁房屋	其他
市	县								
9	10	11	12	13	14	15	16	17	18
99 544	**165 825**	**538**	**664**	**10 544**	**56 804**	**229 939**	**133 404**	**279 753**	**24 541**
56 229	107 350	88	127	1 747	24 361	128 785	120 969	164 371	9 710
869	2 901		2	57	4 082	1 531	1 947	5 801	1 266
16 628	19 580	134	25	2 594	10 517	17 205	5 431	62 865	4 088
5 783	12 017		13	2 612	4 251	12 354	3 057	22 948	2 004
412	475		1	588	36	430	4	447	49
12 991	16 690	11	364	609	3 894	62 065	41	8 947	3 758
156	138	3		111	558	114		262	15
135	728	1		4	2 272	204	40	1 263	372
672	1 171	118	22	30	3 101	327	290	1 865	174
344	355	158	74	220	1 086	127	48	258	33
653	344	7	20	1 537	450	6	1	5	180
4 672	4 076	18	16	435	2 196	6 791	1 576	10 721	2 892

山

甲		合计	性别		暂住时间			来	
			男	女	一个月以下	一个月至一年	一年以上	省内	
								市	县
甲		1	2	3	4	5	6	7	8
合计	1	**6 541 198**	**3 915 226**	**2 625 972**	**219 605**	**4 442 928**	**1 878 665**	**1 234 452**	**2 977 806**
务工	2	4 503 405	2 785 305	1 718 100	126 193	3 398 645	978 567	809 293	2 047 049
务农	3	105 452	61 743	43 709	3 654	72 717	29 081	19 101	43 282
经商	4	562 785	349 539	213 246	35 568	330 439	196 778	111 334	205 930
服务	5	284 980	135 389	149 591	13 403	183 295	88 282	65 117	113 240
因公出差	6	19 282	13 000	6 282	9 553	6 589	3 140	5 782	5 171
借读培训	7	711 284	386 357	324 927	7 010	256 070	448 204	144 835	422 382
治病疗养	8	3 966	2 370	1 596	1 149	1 708	1 109	516	1 909
保姆	9	7 888	2 297	5 591	457	4 501	2 930	909	4 657
投靠亲友	10	65 141	30 482	34 659	3 451	41 247	20 443	14 874	24 480
探亲访友	11	29 681	14 989	14 692	5 895	16 144	7 642	8 147	8 314
旅游观光	12	14 908	8 153	6 755	6 337	6 115	2 456	4 847	2 554
其他	13	232 426	125 602	106 824	6 935	125 458	100 033	49 697	98 838

东

自	地	区		居	住	处	所		
省外		港澳台	国外	旅店	居民家中	单位内部	工地现场	租赁房屋	其他
市	县								
9	10	11	12	13	14	15	16	17	18
731 739	**1 569 686**	**1 847**	**25 668**	**88 311**	**654 664**	**2 732 045**	**669 479**	**2 103 095**	**293 604**
461 434	1 172 718	567	12 344	28 902	358 308	1 889 390	613 698	1 517 191	95 916
15 501	27 568			429	35 543	8 829	4 996	49 479	6 176
95 132	141 645	569	8 175	25 276	101 082	76 050	25 138	298 698	36 541
39 011	66 910	47	655	6 903	28 005	104 031	13 753	124 063	8 225
3 773	4 150	104	302	10 067	1 358	4 753	701	1 974	429
58 015	84 556	29	1 467	1 921	16 600	595 275	1 939	32 896	62 653
416	1 063	3	59	148	796	1 847	84	590	501
1 365	873	3	81	24	5 778	140	104	1 732	110
10 836	14 588	33	330	1 108	43 807	3 327	681	12 469	3 749
5 865	6 089	341	925	1 543	18 583	2 413	684	5 531	927
3 473	3 468	65	501	7 129	2 470	1 322	1 047	1 794	1 146
36 918	46 058	86	829	4 861	42 334	44 668	6 654	56 678	77 231

河

		合计	性别		暂住时间			来	
			男	女	一个月以下	一个月至一年	一年以上	省内	
								市	县
甲		1	2	3	4	5	6	7	8
合计	1	**4 064 787**	**2 442 279**	**1 622 508**	**171 489**	**1 526 518**	**2 366 780**	**1 378 908**	**2 030 842**
务工	2	2 599 244	1 616 152	983 092	105 310	947 731	1 546 203	889 766	1 288 499
务农	3	27 683	16 188	11 495	2 156	11 637	13 890	7 694	15 890
经商	4	311 068	196 400	114 668	12 919	107 321	190 828	91 054	137 915
服务	5	62 448	31 635	30 813	5 479	26 317	30 652	17 555	31 722
因公出差	6	27 983	20 318	7 665	2 023	12 671	13 289	8 818	10 448
借读培训	7	556 058	300 252	255 806	11 491	222 894	321 673	184 250	313 716
治病疗养	8	8 282	4 827	3 455	1 486	2 551	4 245	2 284	4 941
保姆	9	8 634	2 058	6 576	223	3 317	5 094	1 066	6 735
投靠亲友	10	57 865	25 526	32 339	3 240	23 573	31 052	20 241	25 854
探亲访友	11	35 689	16 291	19 398	5 049	18 622	12 018	12 481	17 366
旅游观光	12	24 820	15 312	9 508	3 794	8 377	12 649	9 633	8 358
其他	13	345 013	197 320	147 693	18 319	141 507	185 187	134 066	169 398

南

自地区				居住处所					
省外		港澳台	国外	旅店	居民家中	单位内部	工地现场	租赁房屋	其他
市	县								
9	10	11	12	13	14	15	16	17	18
261 231	**393 317**	**139**	**350**	**176 026**	**1 008 233**	**1 513 254**	**299 465**	**763 433**	**304 376**
163 762	257 110	27	80	60 519	692 114	902 340	282 306	565 026	96 939
1 387	2 712			1 810	12 381	4 434	2 454	4 554	2 050
35 461	46 560	55	23	23 603	98 285	53 711	6 378	110 601	18 490
5 459	7 710	1	1	3 854	17 758	18 339	2 222	16 321	3 954
4 104	4 594	3	16	17 410	2 142	6 139	332	1 182	778
18 931	39 094	3	64	5 880	26 884	445 098	725	25 282	52 189
431	626			1 300	1 386	4 216	93	485	802
343	490			128	3 045	2 976	173	806	1 506
5 256	6 482	29	3	1 790	43 660	2 697	533	7 152	2 033
2 873	2 928	15	26	7 640	17 220	4 585	273	2 551	3 420
4 740	2 025	1	63	16 845	2 279	2 076	166	723	2 731
18 484	22 986	5	74	35 247	91 079	66 643	3 810	28 750	119 484

湖

		合计	性别		暂住时间			来	
								省内	
			男	女	一个月以下	一个月至一年	一年以上	市	县
甲		1	2	3	4	5	6	7	8
合 计	1	**3 127 416**	**1 770 968**	**1 356 448**	**138 186**	**1 123 118**	**1 866 112**	**447 174**	**1 604 889**
务 工	2	1 726 358	1 011 773	714 585	53 767	641 251	1 031 340	218 800	943 411
务 农	3	74 161	39 720	34 441	3 386	16 417	54 358	12 175	33 746
经 商	4	272 774	160 577	112 197	9 402	76 808	186 564	45 834	115 872
服 务	5	97 817	48 867	48 950	8 602	35 622	53 593	18 740	43 601
因公出差	6	27 012	21 159	5 853	18 246	5 802	2 964	8 597	5 796
借读培训	7	273 998	151 067	122 931	8 200	109 564	156 234	34 639	139 393
治病疗养	8	1 393	849	544	372	378	643	478	433
保 姆	9	3 821	167	3 654	499	1 523	1 799	956	1 535
投靠亲友	10	88 110	33 947	54 163	5 262	22 977	59 871	18 113	39 297
探亲访友	11	14 625	7 356	7 269	3 498	6 186	4 941	3 599	4 495
旅游观光	12	16 296	10 663	5 633	14 406	1 350	540	2 297	1 706
其 他	13	531 051	284 823	246 228	12 546	205 240	313 265	82 946	275 604

北

自地区				居住处所					
省外		港澳台	国外	旅店	居民家中	单位内部	工地现场	租赁房屋	其他
市	县								
9	10	11	12	13	14	15	16	17	18
254 237	**794 257**	**8 708**	**18 151**	**80 729**	**343 155**	**903 862**	**209 014**	**1 150 750**	**439 906**
107 892	452 616	1 456	2 183	10 021	129 024	525 648	165 577	725 743	170 345
7 381	20 856	2	1	190	30 014	6 021	5 217	12 347	20 372
28 776	78 254	726	3 312	8 063	42 014	39 626	14 971	136 867	31 233
12 635	22 788	7	46	5 500	10 927	13 045	5 574	52 436	10 335
6 384	3 297	1 175	1 763	23 524	253	1 229	159	1 119	728
27 266	68 094	1 786	2 820	4 302	8 890	162 034	1 633	34 181	62 958
154	328			71	246	205	45	544	282
427	903			16	2 717	95	55	759	179
8 836	21 730	41	93	1 000	59 794	3 680	1 108	12 062	10 466
1 882	2 762	685	1 202	1 027	9 118	620	346	2 060	1 454
2 616	1 175	2 541	5 961	14 807	477	141	3	345	523
49 988	121 454	289	770	12 208	49 681	151 518	14 326	172 287	131 031

湖

		合计	性别		暂住时间			来	
			男	女	一个月以下	一个月至一年	一年以上	省内	
								市	县
甲		1	2	3	4	5	6	7	8
合　计	1	**3 185 095**	**1 864 569**	**1 320 526**	**253 322**	**2 513 501**	**418 272**	**919 261**	**1 532 459**
务　工	2	2 104 425	1 285 821	818 604	159 313	1 746 880	198 232	610 427	1 030 431
务　农	3	33 237	19 944	13 293	3 038	19 643	10 556	9 854	12 881
经　商	4	386 600	211 887	174 713	23 263	252 443	110 894	87 048	187 382
服　务	5	119 732	51 630	68 102	13 223	68 153	38 356	30 160	49 451
因公出差	6	12 979	9 481	3 498	1 774	10 074	1 131	4 286	4 315
借读培训	7	285 130	150 514	134 616	16 940	233 004	35 186	93 118	144 124
治病疗养	8	6 815	3 701	3 114	2 235	3 536	1 044	1 398	4 109
保　姆	9	15 667	3 525	12 142	1 488	6 922	7 257	3 290	8 127
投靠亲友	10	31 489	14 449	17 040	4 115	20 996	6 378	8 718	13 678
探亲访友	11	13 765	7 990	5 775	2 750	8 782	2 233	3 203	6 415
旅游观光	12	14 229	8 659	5 570	9 393	4 206	630	3 817	3 558
其　他	13	161 027	96 968	64 059	15 790	138 862	6 375	63 942	67 988

南

自地区				居住处所					
省外		港澳台	国外	旅店	居民家中	单位内部	工地现场	租赁房屋	其他
市	县								
9	10	11	12	13	14	15	16	17	18
289 978	**439 279**	**1 874**	**2 244**	**225 580**	**359 272**	**540 645**	**258 971**	**1 337 418**	**463 209**
183 190	280 190	68	119	146 042	234 128	360 475	219 020	880 595	264 165
3 729	6 762	6	5	550	9 195	1 888	2 489	12 653	6 462
35 353	76 686	101	30	8 214	40 282	28 779	13 428	266 554	29 343
14 255	25 770	73	23	6 319	9 280	22 754	15 897	56 430	9 052
2 646	1 678	34	20	8 210	1 820	1 029	77	1 138	705
25 893	21 880	20	95	2 840	20 969	91 371	1 087	75 172	93 691
554	737	7	10	1 097	1 595	1 157	45	1 484	1 437
1 943	2 299	2	6	184	10 953	2 630	123	1 202	575
3 280	5 641	112	60	544	12 200	3 607	202	11 526	3 410
1 705	1 906	381	155	3 932	6 431	736	91	1 657	918
2 451	1 831	877	1 695	10 301	946	696	37	574	1 675
14 979	13 899	193	26	37 347	11 473	25 523	6 475	28 433	51 776

广

		合计	性别		暂住时间			来	
			男	女	一个月以下	一个月至一年	一年以上	省内	
								市	县
甲		1	2	3	4	5	6	7	8
合计	1	**28 714 261**	**15 342 021**	**13 372 240**	**2 456 286**	**12 934 081**	**13 323 894**	**3 204 950**	**5 052 483**
务工	2	21 262 548	11 443 187	9 819 361	1 495 421	9 728 287	10 038 840	2 057 769	3 453 741
务农	3	407 942	231 868	176 074	25 694	188 821	193 427	48 718	82 989
经商	4	1 910 073	1 173 109	736 964	162 155	732 511	1 015 407	352 673	409 642
服务	5	1 997 966	885 480	1 112 486	192 355	953 197	852 414	260 861	405 121
因公出差	6	111 926	69 517	42 409	50 078	44 275	17 573	20 862	16 989
借读培训	7	573 507	317 355	256 152	34 825	238 566	300 116	134 486	153 175
治病疗养	8	25 829	14 281	11 548	8 048	11 383	6 398	5 263	5 160
保姆	9	166 608	30 847	135 761	11 492	75 304	79 812	23 844	35 546
投靠亲友	10	572 944	280 409	292 535	90 682	254 254	228 008	87 782	132 701
探亲访友	11	219 647	106 077	113 570	71 312	93 363	54 972	27 330	38 153
旅游观光	12	123 855	67 047	56 808	78 020	33 258	12 577	22 422	17 082
其他	13	1 341 416	722 844	618 572	236 204	580 862	524 350	162 940	302 184

东

自地区				居住处所					
省外		港澳台	国外	旅店	居民家中	单位内部	工地现场	租赁房屋	其他
市	县								
9	10	11	12	13	14	15	16	17	18
7 134 564	**13 086 442**	**157 813**	**78 009**	**398 002**	**1 171 995**	**7 820 306**	**951 594**	**17 091 337**	**1 281 027**
5 281 556	10 397 412	51 968	20 102	47 793	413 255	6 574 545	791 145	12 841 320	594 490
103 280	172 253	460	242	1 976	27 666	39 978	41 556	243 886	52 880
453 111	639 217	38 905	16 525	55 320	160 982	267 337	23 978	1 287 152	115 304
581 828	745 176	2 904	2 076	24 075	73 434	530 049	37 093	1 244 260	89 055
41 889	25 266	4 099	2 821	51 422	6 088	16 453	1 719	30 108	6 136
117 546	156 790	6 087	5 423	7 370	70 665	166 129	8 721	233 666	86 956
7 605	7 248	227	326	1 790	4 764	4 682	160	8 566	5 867
47 609	59 420	87	102	1 166	81 478	12 328	799	62 329	8 508
135 331	208 372	5 011	3 747	7 510	166 119	25 652	4 452	318 572	50 639
49 928	87 128	9 379	7 729	18 725	60 678	10 749	2 184	110 961	16 350
33 003	39 735	4 988	6 625	81 301	10 977	3 521	1 060	17 843	9 153
281 878	548 425	33 698	12 291	99 554	95 889	168 883	38 727	692 674	245 689

广

甲		合计	性别		暂住时间			来	
			男	女	一个月以下	一个月至一年	一年以上	省内	
								市	县
甲		1	2	3	4	5	6	7	8
合计	1	**2 428 568**	**1 564 052**	**864 516**	**690 079**	**939 446**	**799 043**	**467 936**	**1 040 649**
务工	2	1 085 685	695 797	389 888	61 276	611 356	413 053	164 347	543 972
务农	3	40 066	22 395	17 671	10 231	19 204	10 631	7 130	16 614
经商	4	162 432	100 734	61 698	8 809	76 826	76 797	29 978	59 491
服务	5	75 608	41 593	34 015	2 375	27 456	45 777	9 559	40 269
因公出差	6	104 574	85 573	19 001	99 555	3 897	1 122	14 439	64 094
借读培训	7	134 246	74 448	59 798	8 916	76 840	48 490	31 172	58 473
治病疗养	8	2 873	1 769	1 104	1 213	1 391	269	266	1 383
保姆	9	4 570	739	3 831	469	2 063	2 038	770	1 934
投靠亲友	10	34 593	19 776	14 817	3 490	18 839	12 264	6 018	15 844
探亲访友	11	12 363	7 769	4 594	5 210	4 881	2 272	1 731	4 203
旅游观光	12	443 567	306 844	136 723	441 929	1 333	305	139 545	97 124
其他	13	327 991	206 615	121 376	46 606	95 360	186 025	62 981	137 248

西

自地区				居住处所					
省外		港澳台	国外	旅店	居民家中	单位内部	工地现场	租赁房屋	其他
市	县								
9	10	11	12	13	14	15	16	17	18
364 026	**554 033**	**611**	**1 313**	**596 510**	**389 172**	**266 665**	**218 869**	**744 635**	**212 717**
123 074	254 038	149	105	21 866	204 178	135 218	187 135	469 289	67 999
2 973	13 349			70	3 176	2 903	2 723	26 142	5 052
28 832	43 783	226	122	3 041	35 592	12 174	5 555	90 549	15 521
9 620	16 160			781	9 159	10 548	7 874	37 691	9 555
3 775	22 266			96 225	1 910	549	11	3 037	2 842
19 330	25 211	28	32	751	13 515	69 415	3 149	11 010	36 406
966	257	1		1 359	982	57	1	315	159
758	1 108			151	2 487	741	4	1 083	104
4 993	7 712	15	11	1 181	21 245	1 997	229	8 001	1 940
3 263	2 926	123	117	3 611	4 063	674	265	3 484	266
113 506	93 269	24	99	436 470	209	135	12	290	6 451
52 936	73 954	45	827	31 004	92 656	32 254	11 911	93 744	66 422

海

		合计	性别		暂住时间			来	
			男	女	一个月以下	一个月至一年	一年以上	省内	
								市	县
甲		1	2	3	4	5	6	7	8
合计	1	**536 413**	**330 426**	**205 987**	**59 717**	**220 501**	**256 195**	**90 082**	**120 444**
务工	2	302 151	199 511	102 640	36 093	141 263	124 795	49 563	61 803
务农	3	16 908	10 388	6 520	1 035	6 315	9 558	1 609	3 915
经商	4	51 598	33 044	18 554	4 172	19 070	28 356	8 533	12 688
服务	5	58 537	27 500	31 037	4 482	22 041	32 014	11 073	17 464
因公出差	6	3 344	2 070	1 274	572	1 020	1 752	769	262
借读培训	7	31 125	15 804	15 321	532	9 081	21 512	5 593	7 571
治病疗养	8	9 611	6 292	3 319	931	4 011	4 669	1 091	1 554
保姆	9	4 197	480	3 717	238	1 580	2 379	620	1 863
投靠亲友	10	13 018	8 093	4 925	2 794	4 351	5 873	1 977	3 952
探亲访友	11	6 618	3 475	3 143	2 021	2 173	2 424	896	1 026
旅游观光	12	7 714	4 502	3 212	3 771	2 785	1 158	548	604
其他	13	31 592	19 267	12 325	3 076	6 811	21 705	7 810	7 742

南

自地区				居住处所					
省外		港澳台	国外	旅店	居民家中	单位内部	工地现场	租赁房屋	其他
市	县								
9	10	11	12	13	14	15	16	17	18
135 398	**185 343**	**2 915**	**2 231**	**10 758**	**60 418**	**95 555**	**99 350**	**230 614**	**39 718**
81 836	108 385	273	291	2 826	26 128	45 176	83 741	125 259	19 021
2 858	8 470	33	23	82	1 234	842	4 278	6 773	3 699
9 215	19 616	1 202	344	1 485	8 305	5 210	3 278	30 722	2 598
10 435	19 472	61	32	704	7 311	9 665	3 965	33 846	3 046
1 107	1 140	33	33	625	168	391	868	1 266	26
10 204	7 430	59	268	31	1 798	18 672	91	8 516	2 017
3 971	2 980	10	5	45	1 919	1 125		5 654	868
554	1 160			20	2 692	375	111	980	19
3 547	3 347	109	86	552	4 543	1 638	1 036	4 566	683
1 421	2 354	400	521	674	2 222	266	54	3 118	284
2 659	2 955	641	307	3 586	1 148	486	49	1 812	633
7 591	8 034	94	321	128	2 950	11 709	1 879	8 102	6 824

重

		合计	性别		暂住时间			来	
			男	女	一个月以下	一个月至一年	一年以上	省内	
								市	县
甲		1	2	3	4	5	6	7	8
合　计	1	**5 150 964**	**2 970 809**	**2 180 155**	**138 649**	**3 314 443**	**1 697 872**	**769 767**	**3 118 667**
务　工	2	2 986 562	1 852 613	1 133 949	49 668	1 703 833	1 233 061	393 276	1 797 117
务　农	3	309 029	167 008	142 021	11 450	235 831	61 748	40 766	216 603
经　商	4	280 434	153 777	126 657	5 722	195 545	79 167	32 619	181 924
服　务	5	259 877	131 719	128 158	5 902	196 890	57 085	36 929	166 545
因公出差	6	39 348	25 417	13 931	4 886	29 441	5 021	9 758	20 984
借读培训	7	669 935	353 307	316 628	12 655	484 889	172 391	127 312	379 571
治病疗养	8	25 759	12 439	13 320	10 245	14 682	832	5 148	17 939
保　姆	9	4 507	328	4 179	102	3 411	994	286	3 702
投靠亲友	10	182 682	74 373	108 309	4 395	142 407	35 880	32 199	109 448
探亲访友	11	58 407	28 150	30 257	20 022	35 685	2 700	11 166	35 814
旅游观光	12	14 931	7 677	7 254	2 046	12 875	10	3 236	7 775
其　他	13	319 493	164 001	155 492	11 556	258 954	48 983	77 072	181 245

庆

自地区				居住处所					
省外		港澳台	国外	旅店	居民家中	单位内部	工地现场	租赁房屋	其他
市	县								
9	10	11	12	13	14	15	16	17	18
233 600	**1 026 253**	**2 244**	**433**	**15 331**	**1 289 823**	**1 599 953**	**465 415**	**1 407 179**	**373 263**
119 809	675 037	1 124	199	5 199	567 323	892 796	434 098	900 900	186 246
8 594	42 814	216	36	1 346	126 930	21 032	16 303	129 817	13 601
11 389	54 266	206	30	2 131	85 199	11 460	2 501	132 173	46 970
11 060	45 232	104	7	1 613	85 328	41 878	4 414	100 956	25 688
3 036	5 515	53	2	1 551	8 186	16 205	1 249	9 328	2 829
48 705	114 066	267	14	818	26 443	575 625	125	32 157	34 767
914	1 748	10		41	2 030	19 287	11	1 548	2 842
85	434			1	3 463	47	3	933	60
10 131	30 756	93	55	16	159 130	2 374	204	16 543	4 415
3 905	7 457	37	28	726	50 209	1 788	171	2 827	2 686
658	3 201	9	52	680	7 466	343	22	4 780	1 640
15 314	45 727	125	10	1 209	168 116	17 118	6 314	75 217	51 519

四

		合计	性别		暂住时间			来	
								省内	
			男	女	一个月以下	一个月至一年	一年以上	市	县
甲		1	2	3	4	5	6	7	8
合计	1	**4 252 848**	**2 597 964**	**1 654 884**	**1 280 613**	**1 699 713**	**1 272 522**	**1 027 549**	**2 119 896**
务工	2	2 386 731	1 548 213	838 518	731 321	972 473	682 937	567 621	1 221 420
务农	3	77 258	47 143	30 115	13 441	36 705	27 112	16 492	43 819
经商	4	450 171	280 055	170 116	96 162	184 092	169 917	119 914	203 208
服务	5	192 743	89 830	102 913	34 077	86 611	72 055	48 036	92 247
因公出差	6	78 581	54 564	24 017	68 485	6 576	3 520	17 437	44 224
借读培训	7	311 770	172 346	139 424	76 143	125 965	109 662	75 357	169 613
治病疗养	8	13 083	7 109	5 974	7 164	3 179	2 740	3 434	6 590
保姆	9	20 936	2 936	18 000	3 286	9 130	8 520	4 003	13 438
投靠亲友	10	189 111	98 846	90 265	43 479	91 911	53 721	43 623	101 447
探亲访友	11	84 152	46 585	37 567	37 257	34 746	12 149	23 360	36 783
旅游观光	12	66 256	37 283	28 973	56 335	6 162	3 759	17 407	17 230
其他	13	382 056	213 054	169 002	113 463	142 163	126 430	90 865	169 877

川

自地区				居住处所					
省外		港澳台	国外	旅店	居民家中	单位内部	工地现场	租赁房屋	其他
市	县								
9	10	11	12	13	14	15	16	17	18
499 396	**595 511**	**3 502**	**6 994**	**295 974**	**738 919**	**846 158**	**562 748**	**1 530 177**	**278 872**
280 408	313 197	935	3 150	69 026	274 129	548 459	497 480	904 569	93 068
6 313	10 634			1 085	28 373	4 760	6 816	25 984	10 240
57 497	68 840	422	290	25 292	73 100	31 760	12 167	275 231	32 621
21 414	31 017	14	15	14 632	31 820	38 565	9 923	87 419	10 384
8 443	8 312	79	86	62 598	2 314	6 450	1 378	4 049	1 792
27 002	38 800	171	827	8 395	47 897	155 162	4 466	61 393	34 457
1 153	1 863	15	28	1 824	4 240	3 260	180	2 279	1 300
1 477	2 003	12	3	378	15 433	1 494	747	2 398	486
19 485	23 858	290	408	3 762	128 000	5 430	3 390	42 209	6 320
10 106	12 260	857	786	9 822	53 595	3 532	1 278	12 425	3 500
15 921	14 407	341	950	55 072	3 697	1 375	620	3 077	2 415
50 177	70 320	366	451	44 088	76 321	45 911	24 303	109 144	82 289

贵

		合计	性别		暂住时间			来	
								省内	
			男	女	一个月以下	一个月至一年	一年以上	市	县
甲		1	2	3	4	5	6	7	8
合计	1	**1 812 556**	**1 123 206**	**689 350**	**199 236**	**673 628**	**939 692**	**340 211**	**778 805**
务工	2	1 009 680	664 969	344 711	70 179	405 208	534 293	183 808	464 165
务农	3	59 074	37 297	21 777	7 937	19 573	31 564	10 505	30 725
经商	4	312 522	191 087	121 435	19 650	106 824	186 048	56 318	108 436
服务	5	109 016	50 920	58 096	11 970	49 753	47 293	21 044	46 108
因公出差	6	8 357	5 545	2 812	4 325	2 129	1 903	2 309	2 070
借读培训	7	47 053	25 871	21 182	2 632	14 597	29 824	9 477	26 089
治病疗养	8	4 434	2 712	1 722	1 302	1 727	1 405	1 298	1 948
保姆	9	10 282	1 204	9 078	1 931	2 941	5 410	2 687	5 549
投靠亲友	10	42 318	22 085	20 233	5 411	16 873	20 034	9 100	17 407
探亲访友	11	12 869	7 839	5 030	4 266	4 707	3 896	2 957	4 287
旅游观光	12	53 722	29 904	23 818	49 275	2 521	1 926	10 983	6 743
其他	13	143 229	83 773	59 456	20 358	46 775	76 096	29 725	65 278

州

自地区				居住处所					
省外		港澳台	国外	旅店	居民家中	单位内部	工地现场	租赁房屋	其他
市	县								
9	10	11	12	13	14	15	16	17	18
270 179	**422 171**	**665**	**525**	**78 494**	**169 680**	**174 405**	**330 442**	**896 978**	**162 557**
128 309	233 287	46	65	5 294	62 179	114 236	278 896	471 869	77 206
8 936	8 906	2		383	10 577	2 085	7 122	33 527	5 380
59 803	87 856	75	34	6 019	33 487	19 463	15 518	216 407	21 628
14 167	27 693	1	3	5 428	11 425	13 389	7 158	61 790	9 826
1 775	2 201	1	1	4 110	341	620	1 028	1 324	934
5 669	5 771	10	37	943	5 353	11 337	1 067	23 950	4 403
627	560	1		639	634	208	447	1 752	754
823	1 223			28	5 069	156	460	4 043	526
6 747	9 000	45	19	699	20 047	1 503	2 485	14 808	2 776
2 514	3 045	46	20	2 391	5 882	326	923	2 473	874
21 723	13 588	386	299	48 553	1 393	104	481	2 126	1 065
19 086	29 041	52	47	4 007	13 293	10 978	14 857	62 909	37 185

		合计	性别		暂住时间			来	
			男	女	一个月以下	一个月至一年	一年以上	省内	
								市	县
甲		1	2	3	4	5	6	7	8
合计	1	**2 877 135**	**1 841 616**	**1 035 519**	**885 404**	**969 349**	**1 022 382**	**366 100**	**1 281 684**
务工	2	1 847 535	1 218 568	628 967	512 256	646 092	689 187	223 849	838 850
务农	3	73 259	46 093	27 166	35 007	18 142	20 110	7 293	43 064
经商	4	458 031	288 603	169 428	158 275	142 733	157 023	54 681	142 315
服务	5	200 579	121 024	79 555	24 279	85 144	91 156	37 143	109 078
因公出差	6	4 219	2 896	1 323	2 403	1 057	759	943	1 352
借读培训	7	69 568	34 956	34 612	24 339	23 837	21 392	10 862	35 233
治病疗养	8	2 337	1 350	987	1 111	761	465	383	1 225
保姆	9	4 194	541	3 653	417	1 535	2 242	537	2 244
投靠亲友	10	31 781	15 952	15 829	9 409	10 619	11 753	5 350	13 328
探亲访友	11	10 578	5 806	4 772	4 924	3 559	2 095	1 706	5 183
旅游观光	12	4 214	2 147	2 067	1 972	1 790	452	808	1 019
其他	13	170 840	103 680	67 160	111 012	34 080	25 748	22 545	88 793

南

自地区				居住处所					
省外		港澳台	国外	旅店	居民家中	单位内部	工地现场	租赁房屋	其他
市	县								
9	10	11	12	13	14	15	16	17	18
324 815	**892 393**	**352**	**11 791**	**47 472**	**388 968**	**470 267**	**315 612**	**1 405 568**	**249 248**
185 964	592 520	57	6 295	18 021	212 778	323 243	287 950	905 099	100 444
5 240	17 654	1	7	456	10 519	5 275	8 580	28 419	20 010
75 940	180 959	238	3 898	10 576	65 650	40 838	5 401	301 882	33 684
23 050	31 236	2	70	6 445	51 349	30 196	4 082	98 861	9 646
1 021	902		1	1 126	334	1 200	281	1 137	141
8 632	14 345	1	495	468	2 613	37 761	72	6 050	22 604
543	185	1		951	283	397	10	452	244
608	805			114	1 722	540	83	952	783
5 714	7 309	12	68	1 135	16 402	3 990	437	7 939	1 878
1 217	2 470	2		815	7 080	935	155	1 304	289
1 383	876	34	94	2 308	412	463	7	751	273
15 503	43 132	4	863	5 057	19 826	25 429	8 554	52 722	59 252

西

		合计	性别		暂住时间			来	
								省内	
			男	女	一个月以下	一个月至一年	一年以上	市	县
甲		1	2	3	4	5	6	7	8
合计	1	**479 062**	**305 027**	**174 035**	**102 685**	**95 128**	**281 249**	**76 065**	**54 047**
务工	2	126 060	93 288	32 772	5 821	67 625	52 614	16 378	21 809
务农	3	17 862	10 259	7 603	241	1 945	15 676	6 648	392
经商	4	70 384	45 712	24 672	2 092	16 500	51 792	9 841	8 318
服务	5	23 018	10 371	12 647	3 038	6 218	13 762	3 396	3 110
因公出差	6	699	640	59	641	21	37	84	582
借读培训	7	225	152	73	67	92	66	26	120
治病疗养	8	295	200	95	36	7	252	211	42
保姆	9	2 297	214	2 083	2	646	1 649	105	1 768
投靠亲友	10	584	363	221	175	214	195	100	264
探亲访友	11	1 783	975	808	977	482	324	299	874
旅游观光	12	70 659	45 318	25 341	69 641	755	263	4 246	2 547
其他	13	165 196	97 535	67 661	19 954	623	144 619	34 731	14 221

藏

自地区				居住处所					
省外		港澳台	国外	旅店	居民家中	单位内部	工地现场	租赁房屋	其他
市	县								
9	10	11	12	13	14	15	16	17	18
203 913	**139 032**	**4 794**	**1 211**	**64 887**	**12 249**	**10 592**	**56 053**	**86 444**	**248 837**
27 340	60 516		17	3 379	3 486	5 066	54 052	27 642	32 435
6 412	4 410			127	519	132	128	3 045	13 911
20 006	32 219			1 167	3 034	3 898	1 281	40 412	20 592
4 692	11 813		7	793	723	673	69	14 437	6 323
30	3			575	91		1	1	31
56	23			1	21	69		81	53
41	1							1	294
4	420				1 845	358		1	93
94	126			3	265	85	4	121	106
239	371			22	1 104	221	5	118	313
33 647	24 258	4 794	1 167	38 923	476	71	75	78	31 036
111 352	4 872		20	19 897	685	19	438	507	143 650

陕

		合计	性别		暂住时间			来	
								省内	
			男	女	一个月以下	一个月至一年	一年以上	市	县
甲		1	2	3	4	5	6	7	8
合计	1	**2 385 254**	**1 477 292**	**907 962**	**211 668**	**1 309 395**	**864 191**	**362 900**	**1 027 525**
务工	2	1 489 470	979 991	509 479	113 902	881 020	494 548	182 003	693 702
务农	3	26 951	17 828	9 123	3 660	12 740	10 551	8 067	11 599
经商	4	290 781	179 492	111 289	29 098	129 065	132 618	59 104	91 214
服务	5	193 971	89 182	104 789	24 997	109 295	59 679	26 250	76 591
因公出差	6	5 316	3 290	2 026	2 282	1 855	1 179	1 638	1 317
借读培训	7	204 294	113 666	90 628	11 379	86 110	106 805	53 872	73 354
治病疗养	8	4 009	2 185	1 824	828	1 984	1 197	1 611	1 299
保姆	9	8 903	232	8 671	748	4 749	3 406	976	4 872
投靠亲友	10	25 214	13 597	11 617	4 909	10 879	9 426	5 075	8 981
探亲访友	11	11 185	6 400	4 785	4 219	5 295	1 671	3 523	3 356
旅游观光	12	22 597	14 075	8 522	8 734	10 185	3 678	7 782	5 172
其他	13	102 563	57 354	45 209	6 912	56 218	39 433	12 999	56 068

西

自地区				居住处所					
省外		港澳台	国外	旅店	居民家中	单位内部	工地现场	租赁房屋	其他
市	县								
9	10	11	12	13	14	15	16	17	18
309 613	**684 475**	**113**	**628**	**71 080**	**333 113**	**410 034**	**332 234**	**1 095 226**	**143 567**
156 206	457 259	40	260	28 137	184 015	227 442	291 353	713 689	44 834
3 732	3 553			192	9 261	3 566	2 501	10 069	1 362
59 161	81 203	39	60	9 903	51 656	29 680	18 901	163 346	17 295
34 906	56 220	1	3	5 532	20 499	32 786	14 607	104 555	15 992
1 300	1 058		3	2 501	245	990	390	1 024	166
32 944	44 071		53	1 026	22 949	99 346	233	45 801	34 939
738	361			111	1 241	1 046	7	328	1 276
532	2 523			63	6 724	474	75	1 506	61
4 270	6 749	18	121	510	11 737	3 287	1 890	7 254	536
2 674	1 570	9	53	2 103	5 150	416	279	2 658	579
5 728	3 869	6	40	15 391	3 544	385	132	2 762	383
7 422	26 039		35	5 611	16 092	10 616	1 866	42 234	26 144

甘

		合计	性别		暂住时间			来	
			男	女	一个月以下	一个月至一年	一年以上	省内	
								市	县
甲		1	2	3	4	5	6	7	8
合计	1	**1 736 324**	**1 122 190**	**614 134**	**376 475**	**816 355**	**543 494**	**274 723**	**913 509**
务工	2	683 757	482 881	200 876	52 583	434 416	196 758	109 553	340 198
务农	3	63 742	33 143	30 599	6 832	40 727	16 183	11 912	43 997
经商	4	246 265	153 427	92 838	12 376	116 149	117 740	40 220	114 899
服务	5	140 659	70 577	70 082	11 710	87 213	41 736	23 644	71 777
因公出差	6	22 039	15 476	6 563	18 749	2 783	507	4 065	13 995
借读培训	7	212 950	123 007	89 943	11 169	71 498	130 283	26 490	169 615
治病疗养	8	5 872	3 837	2 035	4 655	879	338	1 028	4 363
保姆	9	9 579	131	9 448	1 189	6 310	2 080	1 175	6 664
投靠亲友	10	21 135	10 668	10 467	7 381	9 837	3 917	5 118	10 291
探亲访友	11	24 204	15 299	8 905	21 167	1 994	1 043	8 195	13 321
旅游观光	12	218 198	158 487	59 711	216 157	1 989	52	28 656	70 985
其他	13	87 924	55 257	32 667	12 507	42 560	32 857	14 667	53 404

肃

自地区				居住处所					
省外		港澳台	国外	旅店	居民家中	单位内部	工地现场	租赁房屋	其他
市	县								
9	10	11	12	13	14	15	16	17	18
165 583	**335 484**	**13 944**	**33 081**	**290 526**	**186 696**	**277 485**	**314 058**	**520 394**	**147 165**
70 893	163 078	2	33	5 145	55 334	105 905	273 122	204 182	40 069
2 050	5 783			1 151	32 834	4 334	4 736	6 771	13 916
28 387	62 758	1		5 051	29 499	27 218	13 947	147 000	23 550
13 886	31 352			4 521	14 085	26 980	9 315	71 871	13 887
1 056	2 923			19 024	350	1 060	352	234	1 019
6 626	10 198		21	6 669	19 307	92 403	2 461	63 882	28 228
186	295			3 995	797	495		317	268
432	1 308				8 282	267	18	542	470
1 883	3 812		31	5 065	10 200	596	304	2 955	2 015
986	1 684	2	16	17 765	5 656	184	113	189	297
33 679	37 965	13 939	32 974	215 124	106	177	1	26	2 764
5 519	14 328		6	7 016	10 246	17 866	9 689	22 425	20 682

青

		合计	性别		暂住时间			来	
								省内	
			男	女	一个月以下	一个月至一年	一年以上	市	县
甲		1	2	3	4	5	6	7	8
合计	1	**643 957**	**423 418**	**220 539**	**124 276**	**290 374**	**229 307**	**37 052**	**243 070**
务工	2	333 940	245 274	88 666	32 478	194 672	106 790	15 572	127 037
务农	3	27 854	14 404	13 450	2 323	8 665	16 866	949	18 762
经商	4	108 107	70 252	37 855	11 445	42 892	53 770	7 823	31 969
服务	5	29 143	12 246	16 897	4 589	14 386	10 168	3 257	13 585
因公出差	6	8 831	5 280	3 551	6 792	2 020	19	627	2 145
借读培训	7	12 787	6 375	6 412	258	3 378	9 151	1 270	9 143
治病疗养	8	3 034	1 277	1 757	1 796	1 067	171	127	2 522
保姆	9	1 695	41	1 654	137	1 137	421	200	449
投靠亲友	10	4 740	2 239	2 501	821	1 979	1 940	434	2 147
探亲访友	11	3 051	1 613	1 438	1 180	1 096	775	426	943
旅游观光	12	66 124	36 965	29 159	56 985	6 164	2 975	3 459	13 346
其他	13	44 651	27 452	17 199	5 472	12 918	26 261	2 908	21 022

海

自地区				居住处所					
省外		港澳台	国外	旅店	居民家中	单位内部	工地现场	租赁房屋	其他
市	县								
9	10	11	12	13	14	15	16	17	18
91 264	**272 341**	**107**	**123**	**72 021**	**61 625**	**66 796**	**152 468**	**211 957**	**79 090**
29 721	161 562	21	27	3 164	21 145	42 031	143 323	104 609	19 668
789	7 351	3		55	9 396	1 362	1 321	9 653	6 067
16 438	51 862	5	10	2 608	11 333	5 713	3 211	70 967	14 275
3 477	8 814	3	7	607	4 122	6 186	2 178	11 799	4 251
2 929	3 130			6 952	131	987	473	33	255
596	1 754		24	24	3 751	5 747	11	1 653	1 601
141	244			216	535	1 163		667	453
514	532			17	700	12	213	267	486
596	1 558	1	4	247	3 023	159	258	757	296
654	1 028			396	1 887	62	64	485	157
29 906	19 312	71	30	54 695	3 314	621	34	2 578	4 882
5 503	15 194	3	21	3 040	2 288	2 753	1 382	8 489	26 699

宁

		合计	性别		暂住时间			来	
								省内	
			男	女	一个月以下	一个月至一年	一年以上	市	县
甲		1	2	3	4	5	6	7	8
合计	1	**259 235**	**180 132**	**79 103**	**19 298**	**135 475**	**104 462**	**47 702**	**72 770**
务工	2	173 048	128 738	44 310	10 555	102 570	59 923	33 254	46 343
务农	3	16 043	9 740	6 303	618	4 534	10 891	1 904	5 812
经商	4	31 553	20 261	11 292	2 659	11 277	17 617	6 199	8 850
服务	5	28 984	15 773	13 211	2 023	13 462	13 499	4 356	8 921
因公出差	6	359	258	101	199	141	19	74	69
借读培训	7	1 332	922	410	492	673	167	393	251
治病疗养	8	25	22	3	25			25	
保姆	9	250		250	20	71	159	45	99
投靠亲友	10	1 328	790	538	469	582	277	302	286
探亲访友	11	855	465	390	716	113	26	360	309
旅游观光	12	1 214	726	488	1 189	5	20	263	181
其他	13	4 244	2 437	1 807	333	2 047	1 864	527	1 649

夏

自地区				居住处所					
省外		港澳台	国外	旅店	居民家中	单位内部	工地现场	租赁房屋	其他
市	县								
9	10	11	12	13	14	15	16	17	18
39 245	**99 477**	**3**	**38**	**1 659**	**34 826**	**35 718**	**69 085**	**108 445**	**9 502**
23 529	69 918	1	3	305	13 160	26 267	60 560	68 225	4 531
1 968	6 359			67	9 409	550	555	4 237	1 225
7 484	9 015	1	4	231	5 266	2 875	2 310	19 499	1 372
4 504	11 203			113	3 789	5 102	5 248	13 305	1 427
95	99		22	29	138	124		64	4
139	549			140	285	362		446	99
					15	10			
32	74				169			81	
345	394		1	2	879	102	146	185	14
86	99	1		7	718	42	59	24	5
536	234			658	541	5			10
527	1 533		8	107	457	279	207	2 379	815

新

		合计	性别		暂住时间			来	
								省内	
			男	女	一个月以下	一个月至一年	一年以上	市	县
甲		1	2	3	4	5	6	7	8
合计	1	**7 201 495**	**4 728 225**	**2 473 270**	**4 158 753**	**2 321 450**	**721 292**	**1 125 419**	**1 802 740**
务工	2	2 150 275	1 514 499	635 776	614 582	1 153 519	382 174	262 049	586 584
务农	3	401 204	244 930	156 274	31 311	296 267	73 626	25 958	172 194
经商	4	916 668	602 439	314 229	428 046	395 858	92 764	100 887	313 664
服务	5	274 591	151 676	122 915	132 855	101 972	39 764	35 763	61 994
因公出差	6	465 421	333 902	131 519	424 244	33 150	8 027	97 457	103 598
借读培训	7	59 133	35 012	24 121	16 475	20 765	21 893	16 026	22 122
治病疗养	8	48 255	28 312	19 943	32 642	12 307	3 306	10 749	20 119
保姆	9	16 747	5 574	11 173	4 556	6 507	5 684	3 208	3 536
投靠亲友	10	46 881	23 223	23 658	17 693	17 823	11 365	7 719	12 960
探亲访友	11	115 809	72 625	43 184	70 908	21 683	23 218	22 375	33 529
旅游观光	12	1 849 772	1 135 951	713 821	1 813 137	30 668	5 967	347 162	269 332
其他	13	856 739	580 082	276 657	572 304	230 931	53 504	196 066	203 108

疆

自地区				居住处所					
省外		港澳台	国外	旅店	居民家中	单位内部	工地现场	租赁房屋	其他
市	县								
9	10	11	12	13	14	15	16	17	18
1 671 122	**2 476 478**	**19 981**	**105 755**	**4 616 870**	**389 203**	**376 769**	**345 492**	**1 060 625**	**412 536**
336 076	965 349	20	197	916 722	80 984	228 600	290 932	575 176	57 861
27 139	175 909	4		2 937	171 334	40 033	20 783	119 707	46 410
153 520	283 305	241	65 051	742 412	26 216	13 661	4 067	112 857	17 455
43 465	133 344	3	22	135 278	20 780	29 376	6 480	75 158	7 519
108 263	152 825	24	3 254	431 080	2 336	18 826	666	10 127	2 386
8 576	11 827	1	581	21 618	5 987	15 723	4 820	7 864	3 121
5 907	9 215	13	2 252	35 660	3 123	250	2 287	2 924	4 011
5 426	4 577			11 734	2 583	216	339	1 597	278
10 725	15 444	4	29	11 876	19 402	2 452	1 779	8 861	2 511
27 390	28 263	54	4 198	79 448	23 609	1 231	1 246	7 889	2 386
764 193	419 757	19 616	29 712	1 598 638	13 649	5 098	1 178	4 985	226 224
180 442	276 663	1	459	629 467	19 200	21 303	10 915	133 480	42 374

主要指标解释

1. 暂住人口：指离开常住户口所在地的市、县到其他市（不含市辖县）、乡（镇）居住3日以上的人员。

2. 市：指经国务院批准设置的市级行政区，包括省（自治区、直辖市）辖市和地（州、盟）辖市。

3. 县：指国务院批准设置的县级行政区。

4. 务工：指从事工业、手工业、建筑业、运输业等劳务人员。

5. 务农：指从事种植业、养殖业、畜牧业等人员。

6. 经商：指从事经营贸易等人员。

7. 服务：指从事商业、饮食业、修理业等人员。